Begegnungen
mit Artur Fischer

Begegnungen
mit Artur Fischer

Herausgegeben von

Michael Zerhusen und

Dieter Tschorn

HamppVerlag

© 1999 Hampp Verlag, Stuttgart
Konzeption und Gesamtherstellung: Hampp Verlag, Stuttgart
Bildnachweis: S. 8 Oliver Sebel; S. 16, 78, 80 STERN, Hamburg; S. 69 Elisabeth Knerr; S. 94, 97: Gerhard Ruckwied; S. 7, S. 126-128: Portraitfotos im Besitz der Autoren/Autorinnen. Alle übrigen Abbildungen: fischerwerke, Tumlingen.
Satz: pws Print und Werbeservice Stuttgart GmbH
Druck und Bindung. Franz Spiegel Buch GmbH, Ulm
Printed in Germany
Alle Rechte vorbehalten.

ISBN 3-930723-28-X

Inhalt

Erwin Teufel
Ministerpräsident
des Landes
Baden-Württemberg

Lieber Herr Professor Fischer!

In Verehrung und herzlicher Verbundenheit gratuliere ich Ihnen zu Ihrem 80. Geburtstag. Gottes Segen möge Sie und Ihre liebe Frau auch in Zukunft für viele gute und gesunde Jahre begleiten. Sie sind für unser Land eine Bereicherung.

Als Sie aus dem Krieg zurückkamen, haben Sie in Ihrer Heimatgemeinde ein eigenes Unternehmen gegründet, das heute von Ihrem Sohn erfolgreich geführt wird. Es ist ein großer mittelständischer Betrieb mit weltbekannten Produkten. In Tumlingen haben Sie so viele hundert sichere Arbeitsplätze für einen weiten Einzugsbereich geschaffen. Das allein ist jede Anerkennung wert.

Den größten Erfolg aber haben Sie als Tüftler und Erfinder. Ich kenne keinen vielseitigeren und kreativeren Menschen. Mit fast 6 000 eigenen Patenten sind Sie der deutsche Patentkönig und einer der erfolgreichsten Baden-Württemberger aller Zeiten. Sie haben den Rang der großen Industriepioniere unseres Landes aus dem letzten Jahrhundert erreicht. Der Herrgott hat Ihnen viele Talente und reiche Begabungen geschenkt. Sie haben etwas daraus gemacht und haben sie gemehrt. Innovationskraft, Schöpfertum, wirtschaftliches Denken und unternehmerischer Mut vereinigen sich in Ihnen zu einer singulären Persönlichkeit.

Vom Blitzlichtgerät bis zum fischerdübel, von der fischertechnik bis zum Spielbaukasten für die Kindergärten reichen Ihre weltbekannten Produkte aus dem Schwarzwald. Alle nur denkbaren Ehrungen wurden Ihnen zuteil: das Große Bundesverdienstkreuz und der Landesorden, der Titel Professor und der Werner-von-Siemens-Ring für Spitzenforscher. Dabei sind Sie die Bescheidenheit in Person, ein liebenswürdiger Mensch, immer fröhlich und optimistisch, derzeit als Maler und weiter als Erfinder. Sie lieben den Menschen, und Sie sind deshalb überall beliebt.

Ich bewundere Sie und ich freue mich über jede Begegnung mit Ihnen, Ihrer lieben Frau, Ihrem Sohn und seiner Familie.

Baden-Württemberg und seine Regierung wünschen einem unserer großen Söhne Lebensfreude und Gottes Segen.

Vorwort

Als die Stuttgarter Landesregierung im Oktober 1999 die bundesweite Image-Kampagne für den Südweststaat startete („Wir können alles – außer Hochdeutsch"), da führte sie „ihren" Erfinder Artur Fischer als Ersten ins Werbe-Feld. Und das kommentierte der Grünen-Abgeordnete Winfried Kretschmann so: „Man könnte glauben, in Baden-Württemberg gäbe es nur Dübel und sonst nichts."

Auch wenn es wohl eher despektierlich gemeint war: Welch ein Kompliment!

Der Mann, dem derzeit diese und andere Aufmerksamkeiten gelten, feiert am letzten Tag des Jahrtausends seinen 80. Geburtstag. Das ist auch bei weniger prominenten Mitmenschen ein Bilanz-Termin.

Er machte eine „Tellerwäscher-Karriere", wie sie im Buche steht: vom Schlosserlehrling zum Vorzeige-Tüftler, vom Nachkriegs-Habenichts zum Wirtschafts-Star. Mehr als 1 000 Erfindungen (für die er alles in allem fast 5 800 Schutzrechte erhielt) und ein Unternehmen, das, auch dank seines Sohnes, zum Global Player avancierte – eindrucksvolle Tatsachen, die ehrfürchtiges Erstaunen durchaus rechtfertigen würden.

Dieses Buch freilich will etwas anderes. Es fragt gleichsam nach den Erfolgsfaktoren des Erfolgreichen, und zwar nicht ihn selbst, sondern Zeitgenossen, die ihm im Lauf seines Lebens begegnet

Karikatur von Oliver Sebel

sind: Auftraggeber und Arbeitnehmer, Lehrende und Lernende, Bauleute und Beamte, Juristen und Journalisten. Und so sind in diesem Band 44 Beiträge versammelt, von bekannten und weniger bekannten Autoren, streng alphabetisch geordnet (und – zur Auffrischung unserer Kenntnisse – ergänzt durch eine fünfteilige Lebensbeschreibung von Fischer-Biograf Helmut Engisch).

In Auftrag gegeben waren keine Lobreden – auch wenn nun, zugegeben, nicht viel Abfälliges zusammengekommen ist –, sondern kleine Geschichten, Anekdoten, Erlebnisse. Das schien den Herausgebern ein erfolgversprechender Weg, um dem „Geheimnis" des Artur Fischer auf die Spur zu kommen. Denn irgend etwas muss ja „dran" sein an diesem Mann, der Erfinder und Unternehmer ist, Aphorismen-Schreiber und Bilder-Maler, ein „Kind im Manne" und ein Technik-Narr.

Was also erwartet das lesefreudige Publikum? „Schnappschüsse" in Textform. Mal ernst, mal vergnüglich, mal bedeutungsschwer, mal leichtgewichtig – und allesamt ein wenig erhellend. Den Autoren sei Dank.

Und das Fazit? „Wenn mir der Versuch gelingt, Mensch zu sein", schrieb Artur Fischer vor Jahren, „habe ich in meinem Leben alles erreicht."

Er hat.

Michael Zerhusen
Dieter Tschorn

Heim-Weh

Der Sohn des Tumlinger Schneidermeisters
macht sich auf den Weg ins Leben

Elternhaus: Georg und Pauline Fischer mit den Söhnen Artur und Richard.

Zucker, Schmalz und Margarine gabs nur auf „Bezugsscheine", und der Mangel an Kohlen war Besorgnis erregend. Einigermaßen tröstlich war es da, dass sich der Dezember des Jahres 1919 mit Temperaturen von bis zu zehn Grad über dem Gefrierpunkt von seiner milden Seite zeigte. So blieben wenigstens die Vorräte an Heizmaterial vor allzu frühem Schwund verschont. Nicht zuletzt deshalb nahmen es die Bewohner des Schwarzwalddörfchens Tumlingen auch einigermaßen gelassen hin, dass ihnen dieses zweite Weihnachtsfest nach dem Ende des Weltkriegs ausnahmsweise einmal keine weiße Fluren und verschneite Tannen, sondern heftige Regengüsse bescherte.

Auch im Haus des Tumlinger Schneidermeisters Georg Fischer fiel dieses Weihnachtsfest wieder einmal recht kärglich aus. Doch alle Alltagssorgen überstrahlte die Vorfreude auf eine nahe bevorstehende Geburt. Am Silvestertag, einem Mittwoch, war es dann so weit. Pauline Fischer brachte ein gesundes Büble zur Welt, das am ersten Sonntag des neuen Jahres in der Tumlinger Dorfkirche auf den Namen Artur Georg getauft wurde.

Die materielle Not der Nachkriegszeit bestimmte die ersten Jahre auch dieses Kindes. Die liebevolle Zuneigung der Mutter aber war dem Heranwachsenden eine weit nachhaltigere Stärkung, als es jeder materielle Überfluss hätte sein können. Ihre Liebe gab ihm das Gefühl unangreifbarer Geborgenheit. Und die eher strenge Zuwendung des Vaters setzte seinem zuweilen recht übermütigen Temperament die nötigen Grenzen. Nicht minder aufgeweckt als daheim erwies sich der Sohn des Tumlinger Dorfschneiders dann in der Dorfschule. Mehr als dessen Fortschritte beim ABC und Einmaleins jedoch bewunderten die Spielkameraden bald seine Kunstfertigkeit beim Basteln, die sich der kleine Artur in den Werkstätten der örtlichen Handwerker erwarb und auf der Veranda des neuerbauten Elternhauses fleißig übte.

Die Entscheidung, ihren Erstgeborenen nach vier Volksschuljahren auf die Dornstetter Realschule zu schicken, fiel den Eltern nicht leicht. Ihnen war klar, dass sie sich das erkleckliche Schulgeld vom Mund würden absparen müssen. Dennoch drängte die Mutter darauf, ihrem Artur eine höhere Schulbildung angedeihen zu lassen und besserte, als ihr Sohn zum Realschüler aufgestiegen war, das knappe Haushaltsbudget mit Heimarbeit auf. Überhaupt ließ es die Mutter an nichts fehlen, um die Talente ihres „Arturle" nach Kräften zu fördern. So versorgte sie ihn zum Beispiel mit Büchern des Technik-Pioniers Max Eyth, die der Bub begeistert verschlang. Und dank ihrer nimmermüden Fürsorge erfüllte sich an einem Weihnachtsfest Ende der 20er-Jahre auch dessen Traum von einem „Märklin"-Baukasten.

Weit viel versprechender als seine Schulkenntnisse entwickelten sich Artur Fischers technisch-praktische Fertigkeiten. So war es kaum verwunderlich, dass auch der Tumlinger Schneiderssohn den heftigen Wunsch verspürte, den Schulranzen ein für alle Mal abzulegen, als die Schulkameraden aus dem Heimatort nach der Konfirmation samt und sonders die höhere Schule verließen, um eine Handwerkslehre zu beginnen. Die Eltern hatten, nicht zuletzt angesichts der Schulnoten ihres Artur, schließlich ein Einsehen und machten sich auf die Suche nach einer Lehrstelle für ihn.

Bei weitem heftiger als die Abenteuer der Großstadt bewegte den Sohn des ländlichen Schwarzwalds im Frühjahr des Jahres 1934 – wenige Wochen nachdem er seine Lehrstelle bei einer Stuttgarter Kunst- und Bauschlosserei angetreten hatte – ein bisher nicht gekanntes Gefühl. Es war das Heimweh, das dem Jungstift der Schlosserei Müßig so gewaltig zusetzte, dass er sich eines einsamen Abends zu dem Entschluss durchrang, den Eltern seine baldige Heimkehr anzukündigen. Der Vater allerdings verwies den Sohn unerbittlich auf seine Lehrlingspflicht. Und selbst die Mutter drängte den Sohn ausnahmsweise, seine Sehnsucht nach heimatlicher Geborgenheit zu überwinden und der Stuttgarter Lehrstelle treu zu bleiben.

So schwer dies dem Lehrbuben Artur Fischer zunächst auch fiel, so leicht ging ihm doch die Arbeit in der Werkstatt von der Hand. Als außergewöhnlich anstellig und fleißig erwies er sich schon nach wenigen Wochen, sodass selbst der gestrenge Lehrmeister Steinegger nicht umhin kam, seinen Jungstift immer wieder zu loben. Und Gelegenheit, sich solch geschätztes Lob zu verdienen, gabs bei einem zehn- bis zwölfstündigen Arbeitstag wahrlich genug. Doch nicht nur in den Tugenden Fleiß und Ausdauer wurde der Lehrling Artur bei seinem abwechslungsreichen Tagwerk trefflich gestärkt, auch seine Persönlichkeit erfuhr zu jener Zeit entscheidende Prägungen. Dass man das Eisen tunlichst schmieden muss, solange es heiß ist, war nur eine der lebensbestimmenden Lehren, die sich ihm in der Schlosserwerkstatt ganz selbstverständlich erschlossen. Und dass Tüchtigkeit und Begeisterung für die Arbeit sich auszahlen, erfuhr der Musterlehrling, als er sich an den Wettkämpfen für den beruflichen Nachwuchs beteiligte: Auf Anhieb errang er dabei einen ersten Platz.

Hochfliegende Pläne bewegten den jungen Schlossergesellen, als er von seinem Lehrbetrieb im Stuttgarter Westen Abschied genommen hatte und im Betrieb eines entfernten Verwandten seinen ersten Gesellenlohn verdiente. So meldete er sich zur Wehrmacht, um erstens Flugzeugführer und zweitens Offizier zu werden. Ehrgeiz jedenfalls hatte er genug, um diese verlockende Laufbahn einzuschlagen, auch wenn seine Schulbildung dafür nicht ausreichte. Also büffelte er auf der Fliegerschule bis spät in die Nacht fürs Abitur. So förderlich diese Anstrengung seinem Wissensstand auch war, sie hatte sehr nachteilige Folgen für seine Sehkraft. Mit einer Brille versuchte Artur Fischer diesen lästigen Nebenwirkungen des nächtlichen Studiums entgegenzusteuern. Nur versäumte er eines Tages, die Sehhilfe rechtzeitig vor dem militärischen Morgenappell abzunehmen. Die Folge dieser Nachlässigkeit war einschneidend: Ein brillentragender Pilot war im militärischen Reglement nicht vorgesehen. Mit Artur Fischers Traum vom Fliegen wars aus.

Der Kriegsbeginn machte dann auch den Traum von der Offizierskarriere zunichte. So bewährte er sich nun beim Instandsetzungstrupp des Jagdgeschwaders 52 als tüchtiger und gewissenhafter Reparateur angeschossener Flugzeuge und wurde dank seiner hervorragenden technischen Kenntnisse auch bei der Ausbildung für Offiziere und Hauptleute eingesetzt. Als Angehöriger der 10. Fallschirmspringerdivision erlebte Artur Fischer schließlich in Italien das Kriegsende. Er geriet in englische Gefangenschaft und sah nach abenteuerlicher Flucht über Österreich im Februar des Jahres 1946 endlich seine geliebte Heimat wieder. Bei einer Schlachtplatte vom „schwarz" geschlachteten Schwein wurde die gesunde Rückkehr des Sohns in Freuden gefeiert.

Jörg Beirer

Das Zwiegespräch

„Wie wunderbar, dass ich dich fand",
sprach der Dübel zu der Wand.

„Ich finde dich ja auch nicht übel",
sprach die Wand dann zu dem Dübel.

Eines können Sie mir glauben:
Zum Verschrauben von den Schrauben
in der Wand und im Beton
hilft kein Grübeln und kein Kübeln
– nur der Kauf von fischerdübeln.

Ulrich Blumenschein

Duell der Dampfrösser

Als ich Artur Fischer kennen lernte, war ich Redakteur für Technik/Wissenschaft beim STERN. Mir gefiel, was über den Erfinder aus dem Schwarzwald bis nach Hamburg gedrungen war, und eine Story über den „Mann mit den 4 000 Patenten" erschien mir STERN-würdig. Wir trafen uns in einem Restaurant nahe Tumlingen (das heute zur Gemeinde Waldachtal gehört) und Artur Fischer erzählte bei reichlich Rotwein seine abenteuerliche Lebensgeschichte – vom Sohn des kleinen Dorfschneiders zum Unternehmer und Hersteller jener mausgrauen Kunststoffdübel, deren Name jeder Hand- und Heimwerker kennt. Schließlich werden Tag für Tag Millionen fischerdübel als Festmacher in Häuserwände und Betonbauteile versenkt.

Aus diesem Stoff eine lesenswerte Reportage zu schreiben war weiter kein Problem. Doch der STERN, damals noch nicht „Magazin", sondern „Illustrierte", brauchte attraktive Bilder – und die nüchterne Dübelfabrik mit ihren Spritzgussmaschinen bot keine sonderlich interessanten Motive für ein Aufmacherfoto.

Auch die Patentabteilung gab optisch nicht viel her, und nicht einmal in dem Prüflabor, wo mit aufwendigen Geräten ermittelt wird, wie fest die eigenen Dübel und die anderer Hersteller in der Wand sitzen, wurde ich fündig. Bis wir schließlich die rettende Idee hatten, den abstrakten Begriff Zugfestigkeit optisch umzusetzen. Wir wollten vor der Kamera des STERN-Fotografen Peter Thomann herausfinden, ob Artur Fischers unscheinbare „Befestigungselemente" der unbändigen Kraft ausgewachsener Lokomotiven standhalten können.

15

Mit einem gewaltigen Betonklotz, in den Fischers Versuchsingenieure zwei Dübel eingesetzt hatten, fuhren wir ins Bahnbetriebswerk Tübingen, wo man sich bereit erklärt hatte, bei unserem Spiel mitzuspielen. Zwei Dampflokomotiven wurden angeheizt, zu beiden Seiten unseres Betonklotzes angespannt – und los gings. Das „Duell der Dampfrösser" erinnerte ein wenig an das legendäre Experiment des Magdeburger Bürgermeisters Otto von Guericke mit den luftleeren Halbkugeln. Und genauso wenig, wie im Jahre 1654 sechzehn Pferde die Magdeburger Halbkugeln auseinander reißen konnten, vermochten die tausendmal stärkeren Dampfloks die fischerdübel aus dem Beton zu ziehen. Die saßen bombenfest, so sehr sich die beiden Loks auch bemühten. „Eher platzt der Betonklotz", hatte Artur Fischer schon vorher gewusst.

Zug-Kraft:
40 Tonnen hielt der
Schwerlastdübel –
dann barst der
Betonklotz.

Im Oktober 1972 erschien die Reportage „Der Mann mit den 4 000 Patenten" im STERN. Alle waren zufrieden – nur dem links gewirkten Stellvertreter Henri Nannens passte die Geschichte nicht in den Kram: „Eine solche Verherrlichung eines kapitalistischen Unternehmers will ich nicht wieder sehen". Musste er auch nicht, denn ich habe meinen Ressortleiterjob beim STERN bald danach aufgekündigt.

Walter Breunig

Lebenslange Spurensuche

Wie oft mag sich der Jubilar in seinem ereignisreichen Leben auf Spurensuche begeben haben? Von Neugier und Schaffenslust gepackt? Sicher auch von sachlicher Notwendigkeit angetrieben, einer Fährte zu folgen, um einen physikalisch-technischen Sachverhalt aus einem uneffizienten Zustand in einen wünschenswerten, optimal wirksamen zu führen – Hindernisse akzeptierend und schließlich überwindend. Die Frage müsste für den Inhaber eines „ganz eigenen Weltrekords" (Rüttgers) von registrierten Patenten mit einer legendären vierstelligen Zahl beantwortet werden: War und ist es der Genius per se oder Genius loci, der Ort der Geburt und des ingeniösen Schaffens, der genialen Einfälle und produktiven Umsetzung? Artur Fischer verweist (so vor einiger Zeit in einem persönlichen Gespräch mit dem Verfasser dieser Zeilen) zuallererst dankbar auf die schöpferischen Eigenschaften seiner Mutter als Förderin seiner technischen Phantasie und Vorstellungskraft im Kindesalter. Baute er doch neunjährig und „findig", wie sich schon damals zeigte, mit einfachen, für ihn erreichbaren Mitteln ein Gerät, um „fliegen" zu können ...

So wundert es nicht, wenn der spätere Erfinder 1978 während des Heidelberger Hochschul-Symposiums über „Kreativität und technische Bildung" die Vier-Phasen-Theorie von Poincaré/Revesz (Präparation, Inkubation, Inspiration/Illumination und Elaboration) aus eigener Erfahrung heraus bestätigte und insbesondere das Stadium der Inspiration, des „Einfalls" und der „Eingebung" hervorhob. Allerdings sei dies nicht ohne „Disziplin der Gedanken", permanentes „Infragestellen" des bis dahin Erreichten zu erlangen.

17

Artur Fischers Erfahrungsschatz erlaubt es indessen nicht, dem Faktor der Zeit, der Entspannung, der „Schöpferischen Pause" oder auch dem Wachträumen („Erfinder sind Träumer") und mithin einer Schwerpunktverlagerung der Aktivitäten (Inkubation) achtlos gegenüberzustehen. „Das morgendliche Duschbad ist eines meiner größten Produzenten" bemerkt er mit einem vergnüglichen Lächeln, das situationsbedingt auch in ein befreiendes Lachen überspringen kann. Oft zu Späßen aufgelegt, fällt es dem Träger des Werner-von-Siemens-Ringes nicht schwer, in eine andere Rolle zu gleiten, zum Beispiel während einer Exkursion mit der historischen Pinzgau-Bahn in die des rußbeschwärzten Lokomotiv-Heizers.

Das Spektrum seiner „Körpersprache", insbesondere seiner mimischen, wäre nicht annähernd angesprochen ohne jenes charakteristische Erscheinungsbild zu erwähnen, das sich zeigt, wenn sich die Augenlider zu schmalen Spalten verengen und auf eine introversive, focussierend-konzentrierte Einstellung hindeuten: ob bei der Darstellung und Erklärung eines aktuellen Denkproblems, beim Segelfliegen in Turbulenzen oder in wünschenswerter Thermik.

Dass sich Begebenheiten als gemeinsame Erlebnisse entfalten können, ist im vorliegenden Umfeld letztlich die Folge eines gelungenen technologischen „Wurfes": der Entwicklung von fischertechnik-Lernbaukästen für alle Altersstufen. Ihre innovierende Ausstrahlung sollte auch die PH Heidelberg erreichen und zur Bildung einer interdisziplinären Arbeitsgruppe für Technische Bildung (ATB) führen. Das Ergebnis langjähriger Zusammenarbeit: Unterrichtsprogramme für die verschiedenen Lernbaukästen, die wiederum innovierend in den Lehrplänen einiger Bundesländer Zugang fanden.

Technische wie soziale Motive (A.F.: „Ich liebe Menschen und besonders Kinder") beeinflussten auch eine Sub-Gruppe der ATB bei der Entwicklung und Thematisierung von Konstruktionsaufgaben für lernbehinderte Sonderschüler; so bei „Der einfachste Wagen der Welt" und „Eine Hilfe für kranke Leute". Was lag und liegt näher, als solche „Lernorganisationen" in Seminaren unter dem Thema „Technisches Problemlösen" exemplarisch zu erproben und Handlungsabläufe der Schüler durch die Studierenden wissenschaftlich beobachten und beschreiben zu lassen?

Was bleibt? Artur Fischer, Impulsgeber und Innovator – immer wieder bemüht, die „Nahtstellen" zwischen Wissenschaft und angewandter Technik, zwischen Hochschule, Produktion und Wirtschaft im Wechsel von „Geben und Nehmen" möglichst klein zu halten. Das schließt für ihn die soziale Komponente mit ein, verbindet technische Errungenschaften mit sozialem Engagement: „Das Rad vom Genius erfunden, hat mit Bedacht die Welt verbunden" – metaphorisch betrachtet, für Artur Fischer Auftrag und Verpflichtung.

Walter Breunig

Fritz Eckenga

Hommage an den großen Festmacher

Wir hängen in den Seilen – stehen auf unsicheren Füßen. Die sozialen Netze sind rissig.

Große Zusammenhänge wirken bedrohlich undurchschaubar. Aber auch enge Beziehungen scheinen unbeherrschbar. Scheitern wir nicht allenthalben daran, unser wackeliges Dasein in den Griff zu kriegen? Und – suchen wir nicht alle irgendwo Halt? Wenn man sicher sein will, dass etwas hält; wenn man Gewißheit will, dass man sich darauf verlassen kann; wenn man darauf angewiesen ist, dass das Angebrachte bleibt, wo es ist, dann ist es angebracht, zu ihm zu greifen. Der kleine unscheinbare Nothelfer. Der gute Freund. Der graue „S-Dübel" von fischer. Der fischer-Nylon-Dübel.

Die Welt verlässt sich auf ihn. Fest verankert in allen Erdteilen hält er die Dinge der Menschen an dem von ihnen gewünschten Platz. Der S-Dübel, the fischer-wallplugg, le cheville fischer, el taco fischer! Der Klassiker unter den Befestigungssystemen.

Mit dem Patent Nr. 1097117 wurde sein Triumph begründet. 1958 erblickte er in der Fischer-Werkstatt im idyllischen Örtchen Waldachtal im Schwarzwald das Licht der Welt. Seitdem ist er uns stiller Begleiter und vertrauenswürdiger Kamerad. Niemand, der ihn nie brauchte. Und keiner, der glaubte, auf ihn verzichten zu können und anschließend nicht eines Besseren belehrt wurde: Als die ganze Bescherung wieder aus der Decke riss; als der blöde Mist wieder von der Wand kam; als das Scheißding wieder umkippte. Weil wir meinten, wir könnten es kleben. Weil wir glaubten, der Nagel täte es auch, weil wir – ja – weil wir frevelten und nicht zu ihm griffen. Zu ihm – dem großen Festmacher, dem fischerdübel.

Sicher, anfangs hatten wir nicht nur unbeschwerte Freude mit ihm. Wir bohrten mit zu großen Steinbohrern in bröseligen Putz und bauten ihm einen Krater statt eines schlanken Lochbettes. Wenn wir 6-mm-Bohrer für S5- oder S6-Dübeln hätten nehmen sollen, griffen wir zum 8-mm-Trumm und umgekehrt: Wenn der fischer S8 ein passendes 8-er Loch wollte, zwängten wir ihn mit dem Hammer in einen 7er-Kanal, so lange, bis seine Einschraub-Öffnung faserig zertrümmert war.

Als seine Widerhaken keinen Griff fanden, wenn wir die Schraube eindrehten, und er sich schwängrig nach außen wölbte, manschten wir ihm mit fragwürdigem Modelliergips einen dürftigen Nothalt. Ja – die Geschichte unserer Beziehung zu ihm ist auch eine Geschichte von Fehlern. Von dummen Fehlern, sämtlich von uns und nie von ihm begangen, aber doch eine Geschichte verzeihlicher und letztlich auch von ihm verziehener Anfängerfehler. Denn er war uns stets ein guter Pädagoge. Er lehrte uns: Wer nicht pfuschen will, muss dübeln – und: Sicherheit kann nur verlangen, wer selbst Sicherheit gibt. So examinierte er uns unaufdringlich, bis wir heute – endlich – seine Partner sind. Jetzt schaffen wir seriöse Voraussetzungen, bevor wir ihm die Schraube eindrehen. Und jetzt wissen wir, dass extreme Umstände extreme Sicherheitsmaßnahmen erfordern. Umstände, die selbst er, der fischer-Universal, nicht beherrschen kann. Ein weiteres Indiz für seine unbedingte Zuverlässigkeit. Er kennt seine Grenzen.

Hinter diesen Grenzen aber wohnen die zahllosen Angehörigen der fischerdübel-Großfamilie. Die Abkömmlinge des S-Klasse-Urvaters. Die-für-jedes-Loch-das-richtige-System-Nachkommen des Stammvaters. Die Gipskarton-Neffen. Die Federklapp-Bügel-Cousins. Die Nagel-, Rahmen- und Hohlraumdübelkinder, bis hin zu den gewaltigen Lasten tragenden Schwerlastbefestigungswonneproppen: den gigantischen Ankerbolzen. 3 600 Schutzrechte im Befestigungsbereich weltweit sprechen eine deutliche Sprache. Der blaue Planet hängt am grauen fischerdübel. Und er hängt sicher.

So viel steht fest, es ist Zeit, ihm zu danken: Danke – fischerdübel.

Rolf Eligehausen

Schwalbenschwanz im Beton

Artur Fischer – dieser Name ist nicht nur im Bauwesen ein Begriff. Er hat in allen Bereichen „getüftelt", die das Leben und das Miteinander einfacher und schöner machen. Er ist kein Erfinder, er sucht auch keine Lösungen, er ist ein Lösungsfinder.

Meine Zusammenarbeit mit Artur Fischer begann vor zirka 20 Jahren. Nachdem er mit der Entwicklung des grauen fischer-Kunststoff-Dübels zuverlässige Befestigungen für Hand- und Heimwerker im niedrigen Lastbereich ermöglicht hatte, wollte er auch nachträgliche Befestigungen für sicherheitsrelevante Anwendungen im konstruktiven Ingenieurbau hoffähig machen. Hierzu wollte er das Wissen über die Befestigungstechnik erweitern und ermöglichte zusammen mit anderen Firmen der Befestigungstechnik durch eine großzügige, langfristig angelegte finanzielle Förderung die Gründung einer Arbeitsgruppe „Grundlagenforschung Befestigungstechnik" an der Universität Stuttgart, deren Leitung mir übertragen wurde.

Er erkannte rasch, dass sichere Befestigungen im Stahlbetonbau nur durch bis dato nicht vorhandene Dübelsysteme möglich sind, die im gerissenen Beton funktionieren. Sein Spürsinn für das Umsetzbare führte zur Entwicklung des nachträglich herstellbaren „Schwalbenschwanzes" in Beton, des heute noch von der Montagefreundlichkeit unübertroffenen Hinterschnittsystems fischer Zykon.

Meine Mitarbeiter und ich lernten Artur Fischer jedoch nicht nur als hervorragenden Techniker kennen. In regelmäßigen Abständen organisierte er Treffen zum Wissensaustausch zwischen Mitarbeitern seines

Unternehmens und unserem Institut, an die sich ein gemütliches Beisammensein im Artur-Fischer-Museum anschloss. Diese Veranstaltungen dauerten häufig bis in die Morgenstunden des darauf folgenden Tages. Artur Fischer bediente bei solchen Anlässen selbst. Als einmal eine Mitarbeiterin absolut keine Schweinshaxe essen wollte, fuhr er noch los und besorgte ihr ein Paar Saitenwürste, damit „aus dem Mädle noch was wird".

Zur Unterhaltung spielte er häufig auf der Drehorgel. Es wurden stundenlange Diskussionen über Gott, die Welt und Politik geführt. So lernten wir den Menschen Artur Fischer kennen. „Es ist mir eine Ehre, den Menschen zu dienen." Und: „Ich könnte gar nicht so viel lügen wie die Politiker. Ich müsste mir ja dann merken, wem ich was vorgelogen habe, und das könnte ich gar nicht. Deshalb bin ich lieber ehrlich." Das sind einige seiner Leitgedanken.

Zur Steigerung der Kreativität versorgte er uns mit Spielzeug. Das ging so weit, dass er einem Mitarbeiter zur Beschleunigung des Heilungsprozesses die fischertechnik ins Krankenhaus schickte. „Der Artur Fischer, das ist ja ein richtiger Mensch", war der erste und prägende Eindruck eines neuen Mitarbeiters von mir. Als umgänglichen Menschen, der sich der Verantwortung gegenüber der Gesellschaft stellt und sie mit einfachen und erfolgreichen Lebensgrundsätzen gestaltet, haben wir ihn schätzen gelernt.

Wenn ich mich mit Artur Fischer treffe, kann ich auch heute noch sicher sein, dass er während des Gesprächs ganz plötzlich mit schelmischem Gesichtsausdruck das Muster einer Dübel-Neuentwicklung aus der Tasche zieht. Es begeistert mich, mit welchem Blick für die Belange der Praxis er immer neue Lösungen findet. Dieses Verständnis für anwendungsbezogene Innovationen hat Artur Fischer zu einem der Gründerväter der modernen Befestigungstechnik gemacht.

Artur Fischer – Menschen wie er werden heute kaum noch gebacken.

Helmut Engisch

Erfinder-Diät

„A Tässle Kaffee darf i Ihne doch anbiete, oder net?" Selbstverständlich durfte der freundliche Gastgeber seinem Gast aus dem fernen Stuttgart ein Tässchen Kaffee anbieten. Wobei der es allerdings glattweg vergaß, das Angebot mit jener Höflichkeitsformel zu quittieren, die dafür im Schwäbischen so geläufig wie verpflichtend ist: „Wenn's koine Umschtänd macht, no ben i halt so frei!" Doch war dieses Versäumnis, so schien es wenigstens, kein allzu grober Verstoß gegen die Sitten des Hauses. Denn kaum hatte der Gast die Einladung mit einem knappen „Ja doch, gern!" angenommen, da fuhr der Gastgeber auch schon wie ein Pfeil aus dem Sessel auf, um die Botschaft ins Vorzimmer weiterzumelden. Kurz darauf begann dort eine Kaffeemaschine viel versprechend zu gurgeln und zu seufzen.

Das war zumindest für den Gast eine sehr angenehme Begleitmusik zur nicht minder ergötzlichen Aufgabe, die Erinnerungen und Anekdoten aus dem Leben des Gastgebers mit zwangsläufig sehr munter auf dem Papier dahinfliegender Kugelschreiberspitze auf seinem Notizblock festzuhalten. Notizen, die sich später immerhin zu einem Buch über das Leben und Lebenswerk des Erfinders und Unternehmers Artur Fischer auswachsen sollten. Also versuchte der Gast, den Redefluss seines Gastgebers, der wie ein Wildbach zurzeit der Schneeschmelze über ihn herbrauste, möglichst treulich aufs Papier fließen zu lassen.

Die fürsorgliche Dame war mit Kaffee und Gebäck genau in jenem Moment ins Zimmer gehuscht, als der Gastgeber von seiner neuesten Erfindung erzählt hatte, von einem neuen, geradezu revolutionären Spielzeug für Kinder im Alter zwischen Laufstall und Schulzimmer. Von duftig leichten Flocken hatte er beseelt geschwärmt, die kindliche Spiellaune und Gestaltungskraft bald vollkommen mühelos in fantastische Gebilde verwandeln würden.

Jetzt aber beugte sich der Gastgeber etwas missmutig über seine Tasse Tee und bemerkte achselzuckend, der Arzt habe im neben mancherlei anderem leider auch den Koffein-Genuss untersagt.

Maisgries, so berichtete er unverdrossen, sei das Material, das dank seines Erfindergeistes in nicht allzu ferner Zeit die Kinderzimmer und Spielecken dieser Welt erobern werde. Maisgries – billig, vielseitig und vollkommen ungefährlich. Der Gast staunte und knabberte Kekse. Nie im Leben hatte er von Maisgries gehört, er gab das offen zu. Da blickte ihn der Gastgeber nun doch sehr ungläubig an. Und wieder fuhr er wie ein Pfeil aus dem Sessel auf, öffnete den Wandschrank und hatte augenblicklich ein recht eigenartiges Gebilde in der Hand. Ein Holzstäbchen mit acht aufgespießten, blassgelben Flöckchen. Nett sahen die aus. Wie aufgeblasene und anschließend erdolchte Kartoffelchips. „Vollkommen ungiftig", bemerkte der Gastgeber, und schon verschwand so ein Maisflöckchen in dessen Mund, wo es nun sehr eindrucksvoll knirschte. Genüsslich lehnte sich der Erfinder in seinem Sessel zurück. Er kaute und lächelte. Plötzlich aber beugte er sich über den Tisch und streckte dem Gast dieses Holzspießchen entgegen. „Probieret Se. 's schmeckt eigentlich nach nix, aber 's isch wirklich net giftig!"

Der Gast hat dieses einmalige Angebot mit einem deutlichen Hinweis auf das inzwischen ziemlich leergeräumte Gebäck-Tellerchen dankend ausgeschlagen. Nicht, dass er um seine Gesundheit oder gar um sein Leben gefürchtet hätte. Und es war auch keineswegs so, dass er sich dieser außergewöhnlichen Ehre nicht bewusst gewesen wäre. Er fühlte sich einfach noch nicht reif genug für diese einzigartige Erfinder-Diät.

Wolf Peter Fehlhammer

Ein Teil des Museums

Die Ehrenmitgliedschaft ist die höchste Ehrung, die das Deutsche Museum verleiht. Als Artur Fischer vor rund einem Jahrzehnt zum Ehrenmitglied ernannt werden sollte, wurde dieser Vorschlag dem Verwaltungsrat des Deutschen Museums vorgelegt, der satzungsgemäß zu entscheiden hatte. Dabei spielte die Frage eine Rolle, ob Artur Fischer als Wissenschaftler und Techniker den strengen Richtlinien genügte. Seine Bedeutung als Erfinder war unstrittig. Quantität und Qualität seiner Erfindungen – vom Deutschen Patentamt als Neuerungen in mehrtausendfacher Zahl anerkannt – sprachen für sich selbst.

Er war der Erfinder mit den meisten Patenten in Deutschland. Hinzu kam, dass er als Unternehmer Beispielhaftes geleistet hatte. Er hatte die fischerwerke kurz nach dem Zweiten Weltkrieg aufgebaut. Aus einem Einmann-Betrieb wurde im Laufe der Jahre ein mittelständisches Unternehmen, das Horst Biallo in die Gruppe der „geheimen deutschen Weltmeister" einreihte. Die Produktpalette war beeindruckend: Feueranzünder und Webstuhlschalter, Blitzlichter, Dübel jeglicher Form und Größe sowie das technische Bausystem fischertechnik.

Die entscheidende Hürde einer Ernennung zum Ehrenmitglied ist jedoch die Beziehung zum Deutschen Museum. Wie eng und wie intensiv war diese Beziehung? Wie hat sie sich bisher manifestiert? Was ist in der Zukunft zu erhoffen? Auch in dieser Hinsicht war die Bilanz bis zum Zeitpunkt der Ernennung eindrucksvoll. Drei Ausstellungen in der Zeit von 1972 bis 1986 – „Technik macht Spaß – Technik im Spiel", „Spielen, Bauen, Experimentieren" und „Bauklötze staunen" – waren das Ergebnis

26

der Zusammenarbeit. Artur Fischer hat diese Ausstellungen ideell und materiell unterstützt. Das Deutsche Museum konnte dank seiner Unterstützung mit diesen Ausstellungen auch über München hinaus präsent sein.

Aber auch auf anderen Gebieten nahm Artur Fischer regen Anteil am Museumsleben. Aufgrund seines großen Interesses an der Fliegerei unterstützte er den Aufbau der Abteilung „Luft- und Raumfahrt" mit Rat und Tat, engagiert und selbstlos, wie er es immer schon getan hatte.

Deshalb gab es auch keine langen Diskussionen im Verwaltungsrat. Das Deutsche Museum ist stolz auf das Ehrenmitglied Artur Fischer. Er nimmt diese Ehrenmitgliedschaft als eine Verpflichtung. Auch in schwierigen Situationen – auf technischem, wirtschaftlichem und organisatorischem Sektor – dürfen wir auf seine Unterstützung zählen. Die Abteilungen „Werkzeugmaschinen" und „Textiltechnik" haben davon profitiert. Seit Jahren sind unsere Spieltage eine von Kindern begehrte Ferienattraktion.

Dies alles macht uns froh und glücklich. An unserem Ehrenmitglied Artur Fischer schätzen wir jedoch noch mehr, dass er sich als Teil des Museums fühlt. Mir wurde dies in besonderer Weise bewusst, als ich erfuhr, dass er trotz Krankheit zu unserer Jahresfeier am 9. Mai 1999 angereist war. Wir hoffen, dass wir uns noch lange auf diese wahrhaft große und wirklich liebenswerte Persönlichkeit stützen können: Kein anderer kann das Anliegen des Deutschen Museums – Naturwissenschaft und Technik zu einem Allgemeingut zu machen – so eindrucksvoll und überzeugend nach außen tragen wie er, ist es doch sein ureigenes.

Wolf Peter Fehlhammer

Hermann Fünfgeld

A. F. und H. F.

Auf den vornehmen Konferenztischen der guten alten Landesgirokasse standen ein paar Jahre lang diese beiden Namen – ausgeschrieben – nebeneinander, und deshalb lernten die beiden dahintersitzenden Männer einander kennen und wohl auch schätzen; zumindest gilt dieses für H. F. gegenüber dem ehrenwerten A. F.!

Ich glaube, es war ein Verstehen auf den berühmten ersten Blick. Beide Männer waren von unterschiedlichem Herkommen: der eine ein Urschwabe, der andere ein Altbadener, der eine ein Mann von gekonntem Handwerk, in späterer Zeit ausgestattet mit allen nur denkbaren akademischen und wissenschaftlichen Ehren, der andere aus der Zunft der Medienleute. Der Unterschied konnte kaum größer sein, aber: Beide haben voneinander erfahren, haben Neues kennen und auch bisher Unbekanntes schätzen und nicht selten bewundern gelernt.

A. F. habe ich eines Tages zu mir in das Stuttgarter Funkhaus des SDR eingeladen. Eigentlich wollte ich meinem Kuratoriumsnachbarn nur zeigen, warum auch ein Funkhaus einen Chef, einen Intendanten braucht. Auf meine Frage, ob er mit dem Wagen komme und ich ihm einen Parkplatz reservieren solle, kam ein ebenso kurzes wie klares: „Danke, ich komme mit dem Zug und dann zu Fuß zu Ihnen!" Es waren für ihn nur ein paar Schritte, für den normalen Fußgänger etwa 25 Minuten. Meine Einladung zum Essen nahm A. F. mit dem Hinweis an, es gebe sicher auch in der Kantine etwas Ordentliches!

Beide Reaktionen waren nur konsequent, wenn man die Jugend und die Lehr- und Wanderjahre kennt, die den Lehrling an den ersten

Arbeitsplatz nach Stuttgart geführt haben. Und es gibt keinen Widerspruch zu dem Unternehmer, der mit berechtigtem Stolz „seinen" Arbeitsplatz in Waldachtal mit Bescheidenheit und gleichermaßen mit verantwortlicher Kompetenz vorführt.

Wen wundert es, dass aus diesem Lande bis heute die meisten Tüftler und handwerklichen Denker kommen, dass hier die Patent- und die Briefmarkensammler ihre eigene Börse haben und die ganze Welt von diesem offenbar besonderen schwäbischen Geist spricht. Nicht nur ungewohnte und freie Denker, unbequeme Theologen, Philosophen und Politiker, auch anerkannte Juristen, Architekten, Literaten und eben auch handwerklich selbstbewusste, gründlich geschulte Menschen in Industrie, Handel und Gewerbe haben vieles vorangebracht, bereichert, innoviert und auch revolutioniert. Man hat den Eindruck, dass trotz mancher Unkenrufe eine Schar von Epigonen hinter A. F. steht, um auch in Zukunft dieses einmalige Pfund, wo auch immer, einzubringen.

Eine Episode am Rande: Was alles und wie vieles A.F. bewegt hat und noch immer in Bewegung hält, dokumentiert ein kleines Spielzeug. Ein Kleinflugzeug aus dem Hause Fischer, solargetrieben – noch nicht ganz flugtauglich –, hat A. F. mir eines Tages mitgebracht. Es war sicher für meine Enkel gedacht, aber es steht seit vielen Jahren auf der Fensterbank unseres Hauses im Schwarzwald, seine Zellen der Sonne zugewandt, und sein Propeller läuft seitdem unentwegt, fehlerfrei, ruhig, sicher, beständig und macht seinem Erfinder und Hersteller alle Ehre – es funktioniert eben! Jeder Besucher freut sich, erkundigt sich nach dem Produzenten und ist erstaunt über die kunstreiche Arbeit. Das kleine Ding bewegt sich beim kleinsten Sonnenstrahl oder wenn nur ein wenig Licht auf die Zelle kommt. Für mich ist es ein Symbol für den großen Meister im Kleinen, der alles bewegt hat und immer noch bewegt.

Es war eine Auszeichnung und gleichermaßen eine Freude, neben dem bescheidenen, aber immer Bescheid wissenden Professor, Dr. h. c. mult. und Senator zu sitzen, seinen Reaktionen zu folgen, und nebenbei sogar zu erfahren, warum so vieles auf dieser Erde eben doch auch mit Geld und Finanzen zusammenhängt und was man damit bewegen kann.

Julia Giertz

Welt des (Er-)Schaffens

Obwohl ich Artur Fischer vor fünf Jahren anlässlich seines 75. Geburtstages zum ersten und zum letzten Mal gesehen habe, ist mir unser Gespräch als eines der Höhepunkte meiner Tätigkeit als Wirtschaftsredakteurin in Erinnerung. Denn meistens haben Journalisten eher mit Managern als mit Machern zu tun. Es war nicht die Welt der Zahlen, der Umsätze und Gewinne, die Fischer mir eröffnete, sondern eine Welt der Gedanken, der Innovationen, der Visionen. Zum Eindruck eines unkonventionellen, aber auch ein bisschen altmodischen und gutgläubigen Firmenbosses passte auch seine bemerkenswerte Aussage, dass er in seinem Leben noch keinen Vertrag unterschrieben habe.

All seine Geschäfte basierten auf Handschlag, versicherte er mir zu meiner großen Verwunderung. Ich konnte mir schnell vorstellen, dass Fischer lieber auf Sympathie und Vertrauen setzt als auf Unterschriften. Offen und gesprächig, freundlich und zugänglich – nein, das Bild eines kühl berechnenden, reservierten Geschäftsmannes vermittelte er nicht.

Trotz seiner fast 75 Jahre war Fischer ein Energiebündel, er gestikulierte beim Sprechen und rutschte auf seinem Stuhl hin und her. Die Anekdoten über sein Lebenswerk, aber auch seine anhaltenden Ambitionen sprudelten nur so aus ihm hervor.

In den Ruhestand, das wurde mir sofort klar, wollte sich dieser agile Senior noch nicht begeben. Eine ungeminderte Leidenschaft für den Vorgang des Erfindens, für das Tüfteln, das Grübeln, das Probieren schwang in allen seinen Worten mit. Einer, der Freude hat an dem, was er tut, der gar nicht anders kann, als zu erfinden, dachte ich. Denn der Alltag ist voller Tücken und Probleme, und daraus schöpft Fischer die Ideen für seine Erfindungen.

Typisch dafür ist die Entwicklung des Blitzwürfels: Ein Foto seiner Tochter Margot hätte in der Mansardenwohnung der Fischers nur per Pulverblitz aufgenommen werden können. Die Angst vor brennenden Vorhängen bewog ihn dazu, eine andere Lösung zu finden. Und immer machte er sich selbst und der Menschheit das Leben ein bisschen leichter.

Vor allem die Dübel, heute auf jeder Baustelle, in jedem Werkzeugkasten ein unverzichtbarer Helfer des Menschen, ließen ihn sein ganzes Leben nicht los. Weltweit ist sein Name untrennbar mit dieser nützlichen Technik verbunden, die er verbessert und verfeinert, den verschiedensten Verwendungszwecken angepasst hat.

Kurz vor meinem Aufbruch nach Stuttgart gab er mir noch eine Kostprobe seines ungebrochenen Drangs, Antworten auf die letzten Fragen aus der Welt der Befestigungstechnik zu finden. Er hielt es nicht mehr aus und konnte mich nicht gehen lassen, ohne mir seine neueste Kreation zu präsentieren, einen Nagel, der sich in Beton hineinschlagen lässt – „streng geheim". „Wollen Sie das mal sehen?", fragte er mich wohl eher rhetorisch. Ein „Nein" wäre jedenfalls unmöglich gewesen. Flink lief er vor mir her durch die Kellergänge zur Entwicklungswerkstatt. In einem staubigen, mit Betonplatten vollgestellten Raum, griff der Mann im dunklen Anzug und Krawatte zum Hammer und schlug mit aller Kraft einen Stahlnagel in eine der Platten. Für den Laien ein eher unspektakuläres Ereignis, aber dem Erfinder stand der Stolz und die Freude über sein „jüngstes Baby" ins Gesicht geschrieben. Da wurde mir bewusst, dass sich der gelernte Schlosser viel wohler in dieser Umgebung des Machens und des (Er-)Schaffens fühlt als in sauberen Chefetagen.

Gedanken-Blitz

Die Werkstatt für Reparaturen entwickelt sich zum Produktionsbetrieb

Montage-Team: Mitarbeiterinnen aus der Blitzerfertigung (1951).

$\mathbf{M}$it 27 Jahren war der Schlossergeselle Artur Fischer aus der Gefangenschaft in sein Heimatdorf zurückgekehrt. Düster zwar sah nun auch für ihn die Zukunft aus, doch das Glück, den Krieg unversehrt überstanden zu haben, war ein Geschenk, das ihn zum beherzten Neubeginn ermunterte. Immerhin hatte der junge Mann als Ausbilder bei der Wehrmacht sein Wissen und Können weit über jenes Maß hinaus erweitern können, das einen Handwerker für gewöhnlich auszeichnete. Dieses Wissen, seine gründlich geschulte Findigkeit in technischen Dingen und seine unverzagte Zuversicht waren ein reiches Kapital für die Zukunft.

Also machte er sich auf die so kurz nach Kriegsende nicht sehr versprechende Suche nach einem Arbeitsplatz. Dabei erfuhr er eines Tages eher zufällig von einer elektrotechnischen Reparaturwerkstatt, die ein

Ingenieur in Freudenstadt eröffnet hatte. Artur Fischer interessierte sich sehr für diesen Kleinbetrieb und vor allem für dessen Chef, von dem die Freudenstädter mit hoher Ehrfurcht sprachen und berichteten, dieser Dr. Rössger habe als Mitarbeiter der „Lufthansa" vor dem Krieg den Funkverkehr für die Überseeflüge der deutschen Fluggesellschaft aufgebaut. Das Einstellungsgespräch bei Dr. Rössger verlief für Artur Fischer sehr erfolgreich; der Ingenieur mit Doktortitel stellte den jungen Schlosser auf der Stelle ein. Und gleich seinen ersten Auftrag, den Aufbau einer Lampenproduktion, meisterte der neue Mitarbeiter bravourös. Nicht zuletzt die mit Tapetenresten verkleideten Lampenschirme machten auf die Kundschaft mächtig Eindruck. So durfte sich der Lampenproduzent Fischer eines schönen Tages über ein höchst ermunterndes Kompliment seines Chefs freuen: „Ihre kleine Gartenwerkstatt bringt der Firma mehr ein als alle Reparaturen zusammen."

Noch mancherlei andere abenteuerliche Aufträge erledigte der „technische Assistent" des Dr. Rössger zu dessen größter Zufriedenheit. So hatte der Chef auch nichts dagegen einzuwenden, als sein stets munterer und umtriebiger Angestellter auch ein ausgeprägtes Interesse für die Liebreize des Kindermädchens der Familie Rössger zeigte. Trotz aller strengen Pflichtverbundenheit blieb den beiden Zeit genug für ein erstes und mit der Zeit auch inniges Kennenlernen. Am 27. Mai 1947 fand dann die Hochzeit der Rita Gonser aus Lützenhardt und des Artur Fischer aus Tumlingen statt, die von einer bescheidenen Feier bei Kaffee und Kuchen und von der anschließenden Kutschfahrt des jungen Paares zum Elternhaus des Ehemanns gekrönt wurde. Dort, unterm Dach, richtete sich das frisch getraute Ehepaar häuslich ein.

So abwechslungsreich und spannend für Artur Fischer die Arbeit in Rössgers Reparaturbetrieb auch war, eine gründliche Verstimmung mit einem neuen Kollegen setzte seiner Betriebstreue ein jähes Ende. Artur Fischer entschloss sich, ohne jede Sicherheit, zur Selbständigkeit. Mit „Hilfsreparaturen" hielt er sich und seine junge Frau zunächst mehr schlecht als recht über Wasser. Einen ersten Aufschwung erlebte seine Einmann-Werkstatt, als er die Idee, dem notorischen Streichholzmangel der Zeit mit einem elektrischen Feueranzünder abzuhelfen, in die Tat umsetzte. Beflügelt von diesem ersten Erfolg als Tüftler, bewarb er sich auf eine Annonce bei einer Weberei in Bocholt als Produzent für elektrische Webstuhlschalter. Schon sein Prototyp machte nicht nur auf den künftigen Kunden, sondern auch auf die Experten der gewerbetechnischen Prüfungsinstanzen mächtig Eindruck.

Also war der findige Schlossergeselle nun stolzer Chef eines eingetragenen Gewerbebetriebs, auch wenn er vorerst Betriebsleiter, Entwicklungschef, Montagearbeiter und Vertriebsleiter in einer Person war. Das aber änderte sich bald, denn die Lieferungen nach Bocholt nahmen schnell ein Ausmaß an, das den couragierten Existenzgründer zwang, sich der Mithilfe fleißiger und in Lohnfragen nicht allzu anspruchsvoller Mitarbeiter zu versichern.

Ein Gedankenblitz von geradezu genialer Einzigartigkeit war es, der die Zukunft des kleinen Produktionsbetriebs in einer einstigen Mauerwerkstatt in Hörschweiler, einem Nachbarort von Tumlingen, bald in strahlendem Licht erscheinen ließ. Um die Weihnachtszeit des Jahres 1948 hatte das Ehepaar Fischer eine Fotografin ins Haus bestellt, um die Tochter Margot, die nun schon ein halbes Jahr alt war, ablichten zu lassen. Allerdings packte die Meisterin der Fotografenkunst ihre Geräte erst gar nicht aus, als sie sich in der dunklen Mansardenstube umgesehen hatte. Sie fürchtete, ihr Magnesiumblitz würde beim explosionsartigen Aufleuchten das Zimmer in Brand setzen. Deshalb zog sie unverrichteter Dinge wieder ab. Den stolzen Vater allerdings brachte diese fotokünstlerische Kapitulation aufgrund technischer Unzulänglichkeit schier zur Weißglut. Und er stürzte sich mit Leidenschaft auf die Probleme der fotografischen Blitztechnik. So erfuhr er von den beträchtlichen Tücken beim Auslösen eines Blitzlichts, die den Fotografen jener Zeit beim gleichzeitigen Druck auf den Auslöserknopf des Fotos und auf jenen des Blitzkontakts eine nahezu artistische Reaktionsfähigkeit abverlangte. Nächtelang tüftelte Artur Fischer an der Lösung des Problems. Sie war gefunden, als er eine Apparatur ersonnen hatte, die Fotoverschluss und Blitzgerät parallel auszulösen vermochte. Der Synchron-Blitz war erfunden und Artur Fischers Erfindung wurde am 9. Juli 1949 unter der Nummer 819 620 als Patent eingetragen.

Nun konnte sich der Erfinder mit ganzer Kraft darum kümmern, mit seinem revolutionären Blitzapparat den Markt zu erobern. Auch dieses Kunststück gelang. Die Frankfurter Fotogroßhandlung Henning erkannte das gewaltige Potenzial, das in diesem Synchron-„Blitzer" steckte und stieg ins Geschäft ein. So wurde es bald drangvoll eng in der ehemaligen Maurerwerkstatt. Der Gemeinderat von Hörschweiler allerdings war so weitsichtig, dem aufstrebenden Jung-Unternehmer die Gemeindehalle als Fabrikationsraum zu vermieten. Auch dort wurden nun bis spät in die Nacht Webstuhlschalter und „Blitzer" produziert.

Eine geradezu atemberaubende Expansion erlebte der Kleinbetrieb, als ihn die Münchener Weltfirma „Agfa" mit einem Großauftrag für Blitzgeräte betraute und ihn damit bis an die Grenzen seiner Leistungsfähigkeit brachte. Nun hatte der Regelarbeitstag für einen Fischer-Werker mindestens zwölf, meist aber 14 bis 16 Stunden. Selbst samstags, manchmal gar sonntags, wurde „beim Fischer g'schafft". Wobei der Chef, der solchen Einsatz sehr zu schätzen wusste, die Belegschaft großzügig mit habhaften Vesperportionen bei Kräften hielt und drohenden Anfällen von Müdigkeit, die bei Arbeitszeiten bis nach Mitternacht durchaus zu befürchten waren, mit belebenden Cognac-Spenden vorbeugte.

Jürgen und Traudl Gieseke

Verseh'n und Spitzenhöschen

Artur Fischer, Ehrensenator und Ehrendoktor der Universität Stuttgart, lädt ein- bis zweimal jährlich ihm nahe stehende Freunde der Universität und des Rektorats zu einem gemeinsamen Abendessen in gepflegter Umgebung ein. Auf diese stets kurzweiligen und humorvollen Abende freuen sich immer alle Gäste. Die herzerfrischende Stimmung wird im Verlauf des Abends meist noch fröhlicher.

Allerdings ist das Ende dieser Einladungen zwangsläufig vorgegeben, da für Artur Fischer gegen 22.30 Uhr die letzte Zugverbindung nach Horb besteht.

Fast regelmäßig geschieht es jedoch, dass Herr Fischer im „Glücksrausch" des Abends und der offenkundigen Geselligkeit diesen letzten Zug verpasst und dann nur noch mit dem Taxi oder gar mit dem Dienstwagen des Rektors nach Horb gefahren werden kann. In Ausnahmefällen glückt es ihm aber auch hin und wieder, den Zug gerade noch zu erwischen, aber dann vergisst er den überreichten Blumenstrauß für seine Gattin und lässt diesen im Zugabteil liegen. Was solls! Der Schaffner kennt doch „seine Pappenheimer" und das herrenlos gewordene Gebinde trifft andertags über etliche Umwege doch noch bei Frau Fischer in Tumlingen ein ...

Am anderen Ort, aber sonst wie gewohnt: fröhlichste Stimmung bei Kaffee und Kuchen – diesmal anlässlich einer Einladung an die Freunde der Universität Stuttgart im Fischer-Museum in Tumlingen. Professor Fischer hält zwischendurch eine launige Ansprache und erzählt mit zunehmender Begeisterung von seinem neuen Patent: dem superleich-

36

ten, flexiblen, vielseitig verwendbaren Unterwäsche-Bügel, den er speziell im Auftrage eines namhaften Wäschefabrikanten in Süddeutschland zwecks besserer Darbietung der Artikel und Einsatzvielfalt in Verkaufshäusern entwickelt hat (siehe auch Seite 85/86).

Zum besseren Verständnis gibt es für die neugierigen Gäste vom Erfinder persönlich eine charmante, alle in den Bann ziehende Vorführung seiner Schöpfung, die an Hochgefühl und steigender Lustfülle für zarteste, kleinste, so genüsslich anzusehende, am Fischer-Bügel baumelnde Damen-Spitzenhöschen und -hemdchen nicht zu überbieten ist. Alle, die Artur Fischer kennen und bei dieser Demonstration dabei waren, werden sein so typisches, hinreißend verschmitztes Lachen niemals vergessen!

Jutta Granier

Der verhinderte Hauskauf

Ende der 60er-Jahre betraute mich der damalige Chefredakteur und stellvertretende Intendant der Deutschen Welle, Johannes Gross, mit der Leitung des Referats „Industriekontakte". Ziel: Fundierte und aktuelle Industrie-Reportagen, Interviews und Portraits von Firmen, Verbänden und Wirtschaftszweigen sollten „erarbeitet" und auf die jeweiligen Sendegebiete der Deutschen Welle abgestimmt werden ... das Ganze organisiert von mir und einer Halbtagssekretärin.

Das, was Johannes Gross sich selber abverlangte, traute er offenbar auch mir zu. Ich fuhr also los mit einem klapprigen Karmann-Ghia und der Bundesbahn. Ein Dienstwagen, weder mit noch ohne Fahrer, war damals undenkbar.

Eine meiner ersten Fahrten führte mich zu den fischerwerken, zumal mein Chef Wert auch auf die Berichterstattung über kleine und mittelständische Unternehmen legte, die exportorientiert waren. Johannes Gross war der Meinung, dass bei den diplomatischen Auslandsvertretungen aus personellen Gründen die Darstellungen ihrer Leistungen nicht gebührend wahrgenommen würden.

Also landete ich nach abenteuerlicher Fahrt mit vielen Umwegen, weil Tumlingen auf meiner Karte nicht zu finden war, endlich bei den fischerwerken und wurde vom Chef persönlich begrüßt. Artur Fischer faszinierte mich von der ersten Minute an. Und daran hat sich bis heute nichts geändert. Er hat die Gabe, komplizierte Dinge einfach zu erklären und durch seine Bescheidenheit und Geduld nie ein Gefühl der Überlegenheit aufkommen zu lassen.

Zurück in Köln stellte ich ein Reporterteam zusammen mit Redakteurinnen und Redakteuren aus Europa, Asien, Lateinamerika und Afrika und organisierte eine Reise in den Schwarzwald, um über die Firmen fischer, Kienzle und Hohner jeweils in den Landessprachen zu berichten. Das Ergebnis konnte sich sehen lassen und das Hörerbrief-Echo ebenfalls.

Artur Fischer hatte die Reporter genau wie mich in seinen Bann gezogen. Statt – wie geplant – eine Reportage über Dübel kamen außerdem Berichte über die damals noch in den Kinderschuhen steckende fischertechnik und die diversen Patente zustande.

Viele Treffen mit Artur Fischer gab es auch auf Messen wie z.b. der Industriemesse Hannover und der Spielwarenmesse Nürnberg. Immer nahm er sich Zeit für ein Gespräch oder Interview, auch wenn es noch so heiß her ging. Für vieles bin ich Artur Fischer dankbar, und so mancher Ratschlag war bares Geld wert.

So bewahrte mich Artur Fischer 1977 vor einer großen Eselei: Auf der Hausrat- und Eisenwarenmesse Köln erzählte ich ihm, dass ich das Großstadtleben satt und ein Haus im Bergischen Land entdeckt hätte, das ich erwerben wollte. Artur Fischer hörte sich alles geduldig aber skeptisch an und meinte, wir sollten uns das doch mal gemeinsam ansehen. Obwohl der Stand von Besuchern umlagert war, die alle Artur Fischer sprechen wollten, verschwand er mit mir durch den Hinterausgang, und wir fuhren zu dem besagten Haus. Abgesehen davon, dass es nur schwer zu erreichen war und ich jeden Tag Stunden durch Hin- und Herfahren nach und von Köln verloren hätte, erwies sich mein Traumhaus auf allen Ebenen als Flop. Der sachkundige Artur Fischer holte den Hausverkäufer von seinem hohen Sockel und ließ meine Träume platzen.

To cut a long story short: Das „Landhaus" hatte erhebliche Mängel wie Feuchtigkeit, schlechte Bausubstanz und war in jeder Hinsicht viel zu teuer. Der Verkäufer sah gar nicht gut aus, nachdem Artur Fischer alle Mängel sofort erkannt hatte und sie aufzählte. Auch die 50 000 Mark, die der Besitzer vom Preis nachlassen wollte, nutzten nichts mehr – ich war dank Artur Fischer kuriert.

Jutta Granier

Die meisten Zehnerl

Artur Fischer schrieb über das Erfinden: „Das Beglückendste ist die spontane Eingebung, die aus der Freude an schöpferischem Tun entspringt und bei der ein Schuss Humor – trotz Rückschlägen und harter Arbeit – wie das Salz in der Suppe wirkt." Und: „Die beste Lösungsidee ist letzten Endes bedeutungslos, wenn kein Markt dafür erschließbar oder ein Bedürfnis dafür nicht vorhanden ist."

Aus diesen Aussagen sprechen Eigenschaften Artur Fischers, die ihn zu einer herausragenden Persönlichkeit unserer Zeit machen: Lebensfreude und Kreativität, Humor und Motivation, Fleiß und Durchsetzungskraft, Offenheit und unternehmerisches Geschick.

Im Großen gesehen spiegeln sich die Eigenschaften Artur Fischers im weltweiten Erfolg seines Unternehmens und der fischer-Produkte wider.

Im bescheidenen Rahmen der persönlichen Begegnung konnte ich diese charakteristischen Wesenszüge selbst miterleben. Für eine gute Idee bekommt man von Artur Fischer als Symbol der Anerkennung ein Zehn-Pfennig-Stück überreicht. So muss ich wohl selbst einmal in einem Gespräch mit ihm eine gute Idee gehabt haben. Denn auch mir hat er eines seiner legendären Zehnerl verliehen. Ehrfurchtsvoll bewahre ich dieses Kleinod auf meinem Schreibtisch. Und ich vertraue darauf, dass es seine patentfördernde Wirkung in unserem Hause entfaltet, ganz zur Zufriedenheit des großen Erfinders. Allerdings habe ich den Eindruck, dass Artur Fischer die meisten seiner Zehnerl selbst besitzt, denn immerhin kann er fast 6 000 Schutzrechte sein Eigen nennen. Diese unglaubliche hohe Zahl ist einerseits Beleg für die enorme Kreativität Artur Fischers. Sie ist andererseits eine der Grundlagen für die Prosperität des Unternehmens, das heute sehr erfolgreich von seinem Sohn Klaus geführt wird.

Ich erinnere mich noch genau an den Besuch von Roman Herzog im Deutschen Patent- und Markenamt. Artur Fischer und andere Gäste begleiteten mich zum Eingang, um den Bundespräsidenten zu empfangen. Roman Herzog und Artur Fischer kannten sich bereits aus früheren Tagen. Durch die offene und humorvolle Umgangsform, die den beiden „Südländern" zu Eigen ist, lockerte sich die Atmosphäre schlagartig.

Bei dem anschließenden Round-Table-Gespräch, an dem auch der Bundesminister der Justiz und bedeutende Vertreter von Industrie und Verbänden beteiligt waren, sprach Artur Fischer als Ehrenpräsident des Deutschen Erfinderverbandes unter anderem die Notwendigkeit der Förderung von Erfindern zum Nutzen unserer Gesellschaft an. Vor allem ihm ist es zu verdanken, dass Roman Herzog in diesem Gespräch seine Unterstützung zugesagt hat.

Und durch sein unermüdliches Wirken über diese Veranstaltung hinaus hat Artur Fischer wesentlich dazu beigetragen, dass der Bundespräsident dann tatsächlich den „Zukunftspreis für Technik und Innovation" für herausragende technische, ingenieur- oder naturwissenschaftliche Neuerungen ins Leben gerufen hat. Bereits im Dezember 1997 wurde der Preis erstmals verliehen.

Norbert Haugg

Die „glorreichen Sieben": Artur Fischer mit den Kollegen (v.l.n.r.) Hermann Oberth, Felix Wankel (der gerade ein Autogramm gibt), Ludwig Bölkow, Konrad Zuse und Hans Saur, als 1984 im Deutschen Patentamt die Erfinder-Galerie eröffnet wurde. (nicht im Bild: Walter Bruch)

Erich Heimann

Artur ist doof

Als ich Artur Fischer kennen lernte, stand ich noch am Anfang meiner beruflichen Laufbahn als Journalist, während der Name fischer schon fast zum Synonym für moderne Befestigungstechnik geworden war.

Meine erste Begegnung mit Dr. Artur Fischer fand, wenn ich mich recht erinnere, anlässlich einer Hannover-Messe statt und hatte nachhaltige Folgen – zunächst in Form von Gesprächen in mehr oder weniger lockerer Folge und später in Form häufiger Besuche in Tumlingen, aus denen sich im Laufe der Jahre auch eine persönliche Beziehung entwickelte.

In Tumlingen trafen wir uns nach getaner Arbeit meist bei einem guten Essen und einem schönen Glas Wein zu angeregten Gesprächen im benachbarten „Sonnenhof". Dritter im Bunde war oft auch Dieter Tschorn als damaliger Pressesprecher des Hauses fischer.

So auch an jenem Abend, als Professor Fischer zu vorgerückter Stunde auf einmal mit ernster Miene erklärte, dass er mir etwas Wichtiges zu sagen habe. Nach einer wortreichen Einleitung verkündete er, dass Dieter Tschorn das Haus fischer verlassen werde, und fuhr sogleich fort, dass ich bitte nicht denken möge, dass er seinen verdienten Pressemann hinausgeworfen habe. In der durch den guten Rotwein geförderten Stimmung erwiderte ich: „Aber, Herr Professor Fischer, Sie würden doch allenfalls jemanden entlassen, wenn er an die Werksmauer schriebe ‚Artur ist doof'!"

Artur Fischer lachte von Herzen, und dann flog ein schelmisches Lächeln über sein Gesicht. Er winkte dem Ober, bat ihn um einen Kugelschreiber und ein Blatt Papier und konfrontierte wenig später den völlig überraschten Dieter Tschorn mit dem Ansinnen, er möge doch einmal „Artur ist doof" schreiben. Mir wurde etwas blümerant zumute, als ich merkte, in welche Situation ich Dieter Tschorn gebracht hatte. Tatsächlich sträubte sich ihm die Feder, und er brachte es nicht fertig, im Angesicht seines geschätzten Chefs diese drei fatalen Worte zu Papier zu bringen. Da nahm Artur Fischer seinem scheidenden Pressemann Papier und Kugelschreiber aus der Hand und schrieb höchstselbst mit verstellter, an Kinderhand erinnernde Schrift „Artur ist doof" auf das herausfordernd leere Blatt, um es anschließend mit sichtbarem Wohlgefallen zu betrachten und es uns dann ebenfalls zu zeigen.

Das daraus resultierende Gelächter ließ so manchen Blick von anderen Tischen zu uns herüberschweifen. Gern hätten sicherlich die anderen die Pointe des Witzes erfahren, doch sie blieb unter uns – bis heute, da ich sie hier anlässlich des 80. Geburtstages von Prof. Dr. Artur Fischer preisgebe, der sich bei all seinen Erfindungen und dem Aufbau eines international bedeutenden Unternehmens ein Stück seines jungenhaften Humors bewahrt hat, was ihn neben vielen anderen Eigenschaften zu einem großen und zugleich liebenswerten Mann macht.

Gerhard Heimerl

Sektglas im Schraubstock

Artur Fischer ist für mich das Sinnbild eines schwäbischen Erfinders und kreativen Unternehmers, gleichzeitig einer menschlich herausragenden Persönlichkeit:

sparsam und dabei großzügig in der Hilfe für bedürftige Menschen, in der Unterstützung innovativer Ideen, in seiner Spontaneität gegenüber der Jugend;

weltoffen und gleichzeitig der Heimat eng verbunden;

voller sprühender Ideen und hintergründigem Humor, zu Scherzen immer aufgelegt;

verantwortungsbewusst und zuverlässig – ein echter Freund, dem man sich anvertrauen und den man um Rat fragen kann, und der dies auch selbst tut.

Von den vielen, für uns stets bereichernden Begegnungen mit ihm seien zwei erwähnt – eine lustige und eine besinnliche:

1985 traf sich das Rektorat der Universität Stuttgart unter dem damaligen Rektor Professor Hartmut Zwicker gemeinsam mit den Kollegen Karlheinz Hunken und Gallus Rehm in Zell am See mit Professor Artur Fischer, um dort die in vorausgegangenen Gesprächen sorgfältig vorbereitete Vereinbarung über die Förderung der Befestigungstechnik an unserer Fakultät endgültig unter Dach und Fach zu bringen. Das war meine erste intensive Begegnung mit Artur Fischer.

Nach getaner Arbeit lud er uns zu einer erlebnisreichen Fahrt mit dem Dampfzug der Pinzgauer Schmalspurbahn nach Krimml ein, die zunächst in der Lokomotivwerkstatt in Zell endete. Dort veranstalteten wir noch einen Wettbewerb: Wer ist so „feinfühlig", ein Sektglas mit dem Fuß in einen schweren Schraubstock einzuspannen, ohne dass es Bruch gibt? Ich habe mein Glas mit einem Stück Lokomotivkohle, das er mir damals überreicht hat, noch viele Jahre aufbewahrt.

Und als ich 1994 als Vorsitzender der Ehrungskommission Artur Fischer in Tumlingen über die Absicht unserer Fakultät Bauingenieur- und Vermessungswesen informierte, ihn dem Senat für die Verleihung der Würde eines Doktor-Ingenieurs ehrenhalber vorzuschlagen, reagierte er überwältigt und sagte: „Ingenieur – ja, das ist das Höchste, das ist mein Jugendtraum. Das wollte ich schon immer gern sein." Diese Reaktion ging auch mir unter die Haut: Ja, Ingenieur – ich wüsste kaum einen anderen, der aufgrund seiner fachlichen Leistungen und seiner menschlichen Qualitäten diese Ehrung mehr verdient hätte.

Margot-Jolanthe Hemberger

Wahrheit oder Dichtung?

Eines Tages bekam ich über eine ehemalige Mitarbeiterin von Herrn Fischer eine Einladung. Das erste Zusammentreffen! Sicher hat Herr Fischer in seinem Leben inzwischen manchen Künstler getroffen, zu jener Zeit kannte er jedoch noch wenige. Ich selbst, nicht unbekannt und deshalb freier im Auftreten, war gespannt auf unsere Begegnung. Diese entwickelte sich aber kaum in Richtung Kunst. Meine Begleiterinnen bestimmten die Themen.

So verabschiedeten wir uns, und wie es Herrn Fischer zu Eigen ist, begleitete er uns bis zum Firmenausgang. Plötzlich wendete er sich mir zu und fragte mich nach einer Arbeit im Foyer des Hauses. Ich sollte eine Bewertung abgeben. Dies brachte mich in eine peinliche Situation, war ich doch soeben Gast gewesen, und das zu Bewertende entsprach in keiner Weise meinen Gütevorstellungen. Ich fragte ihn deshalb kurz: „Wahrheit oder Dichtung?" Er entschied sich für die Wahrheit, und so kamen wir ins Fachgespräch. Da ich technische Erklärungen abgeben konnte, waren wir auf einer Verstehensebene, und ich glaube sagen zu dürfen: Jeder achtete jeden. Die Ausgangsposition für eine künftige Zusammenarbeit war gegeben.

Als irgendwann später die Gemeinden Hörschweiler, Lützenhardt und Tumlingen ihrem starken Steuerzahler ein Geschenk machen wollten, und Herr Fischer nach seinem Wunsch gefragt wurde, empfahl er, sich mit mir ins Benehmen zu setzen.

Bei diesem Zusammentreffen entstand die erste Idee, die Gemeindewappen gestalten zu lassen. Es sind die ersten drei, die in Schmiedetechnik (ich wählte diese in Erinnerung an Herrn Fischers erlernten Beruf) und in Mosaik ausgeführt wurden.

Bei der Kostenabrechnung lachte mich Herr Fischer an und meinte, ich sei zwar eine gute Künstlerin, jedoch eine schlechte Geschäftsfrau – und änderte die Rechnung zu meinen Gunsten. Bald darauf wurden die weiteren Wappen und das Firmenzeichen angefertigt – als ein symbolisches Zeichen der Zusammengehörigkeit. Gewissermaßen war Waldachtal damals schon geboren.

Anlässlich eines Ölporträts, das ich von Herrn Fischer malte, kamen wir auf eine freie Mitarbeit in den fischerwerken zu sprechen. Ein Pilotprojekt „Dem Erfinden nahe" wolle er gerne den Azubis zukommen lassen. Er meinte: „Sie beherrschen mehrere Techniken, und Ihr pädagogisches Talent ist im Kreis Freudenstadt bekannt. So glaube ich, dass Sie meinen Wunsch umsetzen können." Gesagt, getan. Das erste Lehrjahr bekam seinen Kurs, und inzwischen haben über 20 Jahre Azubis davon Gebrauch machen können. 1985 durften sogar die ersten Gruppen im Deutschen Museum in München eine Werkschau veranstalten, und diese wurde nach einem Monat um weitere fünf Monate verlängert, was für uns alle eine große Freude war.

Das Fischer-Museum, in dem manch schönes Fest gefeiert wurde, wurde ebenfalls ein Arbeitsfeld für mich. Ich habe diesem Haus und Herrn Fischer zuliebe die „Reminiszenz an das Landleben" in gegenständlicher Manier zwischen das innere Fachwerk gemalt. Als es fast fertig war, kam fischer-Mitarbeiter Dockhorn in seiner Eigenschaft als Bauingenieur zur Besichtigung. Er staunte, war fast sprachlos und sagte dann: „Frau Hemberger, ich habe gar nicht gewusst, dass Sie auch richtig malen können!"

Horst Hörner

Pflaumen, Krebse, TiP-Genuss

Peep Koort, Professor für Pädagogik an den Universitäten Uppsala und Helsingfors, bat mich einst um die Vermittlung einer „Audienz" bei Artur Fischer. Der schwedische Kollege war von fischertechnik begeistert und wollte Artur Fischer persönlich kennen lernen. Ich nahm an, dass er sich für die Verbreitung von fischertechnik in skandinavischen Schulen einsetzen würde. Warum sollte er denn sonst die fischerwerke besuchen wollen?

Peep Koort: mehr Philosoph als Kaufmann, eher Grübler als Organisator. Schon morgens beim Decken des Frühstückstisches stand er neben

*Der findige Erfinder:
beim Flusskrebs-Essen
in Schweden.*

48

mir und diskutierte theoretische Fragen der Erziehungswissenschaft. Jede Stellungnahme zu seinen Thesen oder jede Antwort auf seine Frage stellte er wiederum in Frage oder wollte detaillierte Begründungen. In Finnland nimmt man sich viel Zeit für wissenschaftliche Gespräche. Oft sitzt man dort nächtelang an einer Frage. Dialoge wie im alten Griechenland werden dort heute noch geführt – jedenfalls gab es zu Zeiten Peep Koorts Gesprächskreise, die diese Kultur wissenschaftlicher Diskurse intensiv pflegten.

Mit Peep Koort fuhr ich von Heidelberg nach Tumlingen. Konzentriert auf den Verkehr, diskutierten wir über die Bedeutung der Phänomenologie für die Unterrichtspraxis. Die Sorge, pünktlich in Tumlingen zu sein, brachte mich in eine trizophrene Situation. Als die Diskussion schließlich unsere ganze Aufmerksamkeit erforderte, hielt ich den Wagen an, wir stiegen aus und gingen, nach Lösungen unseres Problems suchend, einen Feldweg entlang, wo Peep Koort plötzlich einen Pflaumenbaum entdeckte, dessen Früchte ihn anlockten. Er pflückte und aß eine Pflaume nach der anderen. Mit vollem Mund lässt sich schlecht reden, die Diskussion verzögerte sich, die Zeit lief uns davon. Verspätet kamen wir in Tumlingen an. Ich entschuldigte mich bei Artur Fischer mit der Bemerkung, dass der Philosoph Peep Koort den Versuchungen des Pflaumenbaums nicht hatte widerstehen können.

Der gastfreundliche Artur Fischer lud uns zum Essen ein und organisierte für uns eine Werksbesichtigung. Um 17 Uhr sollten wir uns noch einmal bei ihm treffen. Alles lief nach Plan – bis auf das Abschlussgespräch mit Artur Fischer. Er kam zehn Minuten später als vereinbart. Er schaute gespielt ernst, war auch etwas außer Atem. In der Hand hielt er eine volle Plastiktüte. Er hätte erst noch auf einen Baum steigen müssen, so entschuldigte er sich, um reife Pflaumen zu pflücken, damit wir auf der Heimfahrt ungestört diskutieren könnten!

Artur Fischer, ein Pädagoge der Tat.

Danach war eine Gegeneinladung fällig. Flusskrebse nach schwedischem Rezept wurden serviert. Nach schwedischer Tradition isst man mit den Händen, man trinkt „Alborg" und singt. Das Essen selbst wird zum mühsamen Geschäft. Man muss viel und lange essen, bis man einigermaßen gesättigt ist. Die empfundene Notwendigkeit einer rationelleren und technisch perfekteren Vorgehensweise bei diesem Essensakt erkennt man an der Mimik von Artur Fischer (Foto S. 48): Konzentriert analysiert er das Objekt, studiert dabei die Anatomie, denkt bei dem schwedischen Krebsessen an seinen schwedischen Besucher von damals und vielleicht auch an die Pflaumen als echte Alternative zu Schalentieren.

Das Krebsessen könnte aber auch die Geburtsstunde von TiP gewesen sein: Denn wenn man schon Krebse essen kann, muss es auch möglich sein, Spielzeug jeder Art zu verdauen. Tobias, ein dreijähriger schwedischer Junge, hat in meinem Büro TiP entdeckt, damit gespielt und seine Kreationen anschließend mit großem Appetit gegessen, ohne dass die anwesenden Erwachsenen etwas davon bemerkten. Tobias hat damit die Hypothese, dass man Spielzeug so gut wie Krebse verdauen kann, verifiziert.

Helmut Hohl

Dübel und Damenstrümpfe

Wann ich Artur Fischer zum erstenmal begegnet bin, weiß ich nicht mehr genau. Es muss irgendwann im Sommer 1951 gewesen sein. Am 16. Juli 1951 war ich in Tumlingen als neuer Pfarrer eingezogen. Dies war meine erste Stelle, und ich war damals gerade 26 Jahre alt.

Artur Fischer hat mich bei meinen ersten Predigten in der schönen hellen Kirche in Tumlingen gesehen und war wohl zufrieden mit mir, denn er hat mir später augenzwinkernd versichert: „I habs glei g'merkt, mit meiner Ruh' am Sonntagvormittag ists vorbei, i bin einfach bei der Predigt net ei'gschlofa!" Dies habe ich selbstverständlich als hohes Lob vermerkt.

Die erste Beschreibung von Artur Fischer hat mir der damalige Bürgermeister Christian Hornberger von Hörschweiler gegeben. Ich fragte ihn anlässlich eines Hausbesuchs, als ich ihn im Kuhstall beim Füttern traf: „Wer ist denn das, der da im Untergeschoss der Schule ein kleines Fabrikle betreibt?". Er antwortete: „Ach, des isch der Artur Fischer von Tumlenge, der macht zur Zeit Fotoblitz für d' Agfa. I woiß zwor net, ob des ebbes Rechts isch, aber der woiß, was 'r will, der hot so an Dickkopf wia sei Vatter, der wird sich scho durchsetza." „Ond", so fuhr er nach kurzer Pause schmunzelnd fort, „d' Weiber ganget gern zu ehm, bei ehm schaffet se liaber wia em Wald! Deshalb send mir eigentlich ganz froh, daß er do isch, vor ällem em Wenter, wenn mr en dr Landwirtschaft net so viel G'schäft hot."

Ich habe ihn dann bald persönlich kennengelernt, und wir mochten uns auf Anhieb. Wir waren beide Soldaten gewesen, er im Westen, ich in

Russland, wir waren beide erst seit ein paar Jahren aus der Gefangenschaft gekommen – und so ergab sich auch von daher manche Gemeinsamkeit. Außerdem war ich schon immer neugierig und auch an allem Technischen interessiert. Das merkte Artur Fischer und erzählte mir gern von seiner Arbeit und von den Problemen, mit denen er sich gerade herumschlug.

Einmal, wir saßen gerade gemütlich bei einer Wasserpfeife im Pfarrhaus (so was rauchten wir damals gelegentlich miteinander), sagte der Artur nachdenklich zu mir: „Die Blitzer send scho recht, aber se send halt viel zu langlebig, des kauft sich jeder bloß oin, man müsst' was erfinden, so was wie a Streichhölzle, des man bloß oimal benütze kann und doch immer wieder neu braucht." Das war der Gedankenblitz, der zum Dübel führte.

Nicht viel später zeigte mir Artur seinen ersten handgefertigten Dübel und sagte: „Des, wenns klappt, gibt a Bombasach!" Und so wars dann ja auch, es wurde eine Bombensache, dieser auf einem Schraubstock zurechtgefeilte und -gesägte Dübel aus Kunststoff. Artur erklärte mir seinen neuen Werkstoff so: „Des ischt fascht 's gleiche Material wie des Nylon von de Damaschtrempf." „Ond", so fügte er gedankenschwer hinzu, „was müsset dia net älles aushalte?!" Er sah mich bedeutungsvoll an, und wir schmunzelten zusammen und dachten dabei an diese mitunter doch recht prall gefüllten Utensilien weiblicher Beinbekleidung. Wir verstanden uns eben auch ohne Worte.

Dieses gegenseitige Verstehen – übrigens nicht nur im Hinblick auf Damenstrümpfe! – hat bis zum heutigen Tag angehalten. Und da sich auch unsere beiden Frauen gut verstanden, wurde daraus eine Freundschaft, die schon fast ein halbes Jahrhundert dauert. Es gab, was selten ist, niemals Spannungen zwischen uns, im Gegenteil, wir freuen uns mit fortschreitendem Alter immer mehr aneinander.

Deshalb möchte ich meinem lieben Freund zu seinem 80. Geburtstag nur eines sagen: Lieber Artur, ich bin meinem Herrgott dankbar dafür, dass er mir einen Freund wie dich beschert hat!

Verkaufs-Erfolg

Eine Erfindung revolutioniert die Befestigungstechnik

Welt-Star: Der Erfinder und sein patenter Plastik-Dübel.

Schon mehr als 100 Mitarbeiterinnen und Mitarbeiter zählten die fischerwerke, als ihrem Chef abermals ein überzeugender erfinderischer Coup gelang. Er entwickelte ein völlig neuartiges Blitzgerät mit einem „Flächenreflektor im Taschenformat" und befreite mit diesem „Blitz-Schirm" zum Zusammenfalten vor allem die Hobby-Fotografen von dem bis dahin doch recht unhandlichen Blitzlichtapparat. Dieses Gerät, der „Agfa-Lux" eroberte den Markt mit solcher Macht, dass die sperrigen Stab-Blitzer mit starrem Reflektor bald Seltenheitswert hatten. Schon im Jahr 1954 machte die „Agfa" mit dem neuen Taschenblitz einen Umsatz von mehr als einer Million Mark.

Dieser „Agfa-Lux" wurde nicht mehr im Hörschweiler Kleinbetrieb, sondern im neuen, 1951 erbauten Fabrikationsgebäude in Artur Fischers Heimatort Tumlingen produziert. Doch so verlässlich die Umsatzkurve in den frühen Fünfzigern auch Erfolg signalisierte, die Verbindung mit dem übermächtigen Partner „Agfa" hatte auch ihre Tücken. Mit allerlei Schikanen versuchten die Münchner Konzernlenker, den kleinen Partner mürbe zu machen. Was Artur Fischer in seinem Verdacht bestärkte, der große Bruder in München sei nur darauf aus, den kleinen Bruder in Tumlingen zu schlucken. Doch gelang es ihm immer wieder, solchen Machtgelüsten sein Erfindertalent und die Kraft seiner Ideen entgegenzusetzen. Eine Neuentwicklung folgte der anderen, und mit der Erfindung des „Blitzwürfels" war der Tumlinger Selfmademan den Konstrukteuren der „Agfa" wieder einmal einen entscheidenden Entwicklungsschritt voraus.

Dennoch wollte sich Artur Fischer aus der bedrückenden Abhängigkeit des Münchner Foto-Riesen befreien. Und jede noch so kleine Chance, sich diesen Wunsch zu erfüllen, nahm er geflissentlich wahr. Dass ihm diese Befreiung allerdings ausgerechnet aus einem kleinen Freundschaftsdienst für seinen ehemaligen Lehrmeister erwachsen würde, ahnte Artur Fischer kaum, als er sich in den ersten Wochen des Jahres 1956 daran machte, für Wilhelm Müßig einen Montagebolzen zur Befestigung von Treppengeländern zu perfektionieren.

„Seetru" war der Name dieser Wunderschraube, die auf dem Markt allerdings eher Verwunderung denn Nachfrage auslöste. Artur Fischer aber gab nicht auf. Schließlich hatte er erkannt, dass die Zeit längst reif war für einen Quantensprung in der handwerklichen Befestigungstechnik. Also machte er sich daran, einen Dübel zu ersinnen, der sich durch einen möglichst unverrückbaren Sitz im Bohrloch auszeichnete und dabei so einfach wie möglich konstruiert war. Dieses Ziel im Auge, spannte Artur Fischer während einer seiner samstäglichen Mußestunden in seiner Tüftler-Werkstatt einen Nylonstab in den Schraubstock, bohrte und sägte den Rohling so lange zurecht, bis er jene Form zeigte, die sich Artur Fischer ausgedacht hatte. Nach ein paar Stunden intensiver Arbeit hielt er einen Kunststoffdübel in der Hand, der sich beim Eindrehen der Schraube am gegenüberliegenden Ende mächtig auseinander spreizte und dessen scharf gezähnte Hälften absolut sicheren Halt im Bohrloch versprachen. Schon der erste Praxis-Test wenige Tage später bestätigte die Unanfechtbarkeit der Erfinderidee aufs Überzeugendste: Wie einbetoniert hielten die Schrauben in diesem neuen Dübel und der Dübel in der Wand. Der fischer-Spreizdübel war erfunden, und er versprach eine Revolution. Sie begann, als das Deutsche Patentamt in München am 8. November 1958 dem „S-Dübel" aus dem Schwarzwald seine Einzigartigkeit bescheinigte.

Nachdem der Erfinder sein Werk so glücklich vollendet hatte, schlug nun die Stunde der Kostenrechner. Sie nahmen es sehr genau mit ihrer Pflicht, die Herstellungskosten des neuen Produkts gegen einen möglichst marktgerechten Verkaufspreis aufzurechnen. Dabei erkannten sie schnell, dass der Erfinder für seinen „S-Dübel" ein geradezu sündhaft teures Rohmaterial ausgesucht hatte. Acht Mark kostete ein Kilogramm Polyamid oder Nylon zu jener Zeit und war damit auch vom Preis her einer der edelsten Kunststoffe überhaupt. Doch alle Versuche, Artur Fischer zu einem weniger exklusiven Dübel-Rohstoff zu überreden, scheiterten. „Für unsere Kunden ist das Beste gerade gut genug", war damals schon sein unanfechtbarer Wahlspruch. Also wurde der Spreizdübel aus Nylon gemacht. Und auch dieses Mal sollte sich überzeugend zeigen, dass Artur Fischers kompromissloser Qualitätsanspruch die Garantie für den geschäftlichen Erfolg bedeutete.

„Von diesen Dübeln könnte ich in der Woche 10 000 Stück verkaufen", meldete der Firmenvertreter Eduard Kettner schon von seiner ersten Vertriebs-Tour telegrafisch nach Tumlingen. Und ein Vielfaches davon hatte er wenige Monate später bereits abgesetzt. „Im rechten Winkel ging die Umsatzkurve jetzt nach oben", erinnert sich Artur Fischer an jene Zeit, als der fischerdübel mit einer ungeahnten Dynamik den Markt eroberte. Und von diesem schönen Bild des Erfolgs ließen sich endlich auch die Kostenrechner überzeugen.

Der Erfinder Artur Fischer war sich bewusst, dass der Erfolg seines Unternehmens auf seinem technischen Einfallsreichtum gründete, aber ebenso überzeugt war er davon, dass das glückliche Gedeihen der Firma auch einer tüchtigen, verlässlichen und engagierten Belegschaft zu verdanken war. Und so war es dem Unternehmen stets ein großes Anliegen, seinen Mitarbeiterinnen und Mitarbeitern mehr zu bieten als gesellschaftlich und gewerkschaftlich gefordert und üblich war. „Wer beim Fischer schafft, der soll von den anderen beneidet werden", war seine Maxime. Also wurde für die fischer-Betriebsangehörigen bereits im Jahr 1954 eine Kantine eingerichtet, langjährige Mitarbeiter durften sich Jahr für Jahr über eine Treue-Prämie freuen und jene Mitglieder der Betriebsfamilie, die durch Krankheit oder einen Schicksalsschlag unversehens in Not gerieten, konnten auf Hilfe durch den „Unterstützungsverein Artur Fischer e. V." vertrauen. Der schwäbische Drang zum Eigenheim wurde vom Betrieb durch günstige Baudarlehen gefördert, und selbst für einen erschwinglichen Bauplatz sorgte die Firma bei Bedarf. Jedenfalls so lange, bis das Finanzamt diese einigermaßen ausgefallene Form der Mitarbeiterbegünstigung unterband.

Als Gegenleistung für solche großzügigen unternehmerischen Wohltaten verlangte Artur Fischer von seinen Mitarbeitern nicht mehr und nicht weniger als Pünktlichkeit, Ordnung, Sauberkeit am Arbeitsplatz und die Bereitschaft, sich über das landläufig übliche Maß hinaus für den Betrieb zu engagieren. Eine Haltung, die zweifellos auf einem christlich fundierten Moralkodex protestantisch-pietistischer Prägung gründete, die aber stets unbelastet war von jenem sauertöpfischen Beigeschmack, in dessen Umgebung jede ungestüme Äußerung der Lebensfreude als sündhaft erscheint. Dank seines lebensbejahenden Humors war Artur Fischer allzeit auch gegen das Gift moralinsaurer Selbstgerechtigkeit gefeit.

Heinz Hornberger

Ein außergewöhnlicher Ehrenbürger

Meine erste persönliche Begegnung mit Artur Fischer im Juli 1974 war für mich bereits von entscheidender Bedeutung. Als knapp 25-jähriger Regierungsinspektor beim Landratsamt Freudenstadt war ich damals als Amtsverweser bis zur Wahl des neuen Bürgermeisters in Waldachtal tätig.

Im „großen" Übergangsgemeinderat Waldachtal mit 42 Mitgliedern konnte ich feststellen, dass die Person Artur Fischer schon damals mit einer hohen ausgleichenden Fähigkeit zwischen den widerstrebenden Interessen der Vertreterinnen und Vertreter der Ortschaften ausgestattet war.

Es war entscheidend seiner Überzeugungskraft und seiner rücksichtsvollen Argumentation zu verdanken, dass bereits in diesem Übergangsgemeinderat die Weichen für eine positive Entwicklung der Gemeinde Waldachtal gestellt wurden.

Schon damals war es Herrn Artur Fischer ein Herzensanliegen, die Teilorte seiner Heimatregion zu einem einheitlichen ganzen Waldachtal zusammenzubringen, weil er auch insbesondere darin eine Verpflichtung für sich sah, den Menschen aus diesen fünf Ortschaften, die in seinem Unternehmen arbeiteten, eine gesicherte Zukunft in der Heimat zu geben.

Dieser erste sehr positive Eindruck wurde dann vertieft, als ich im Vorfeld der Bürgermeisterwahl im Oktober 1974 einen offiziellen Antritts- und Bewerbungsbesuch bei unserem heutigen Ehrenbürger machte. Mit etwas klopfendem Herzen habe ich damals das Büro des großen Erfinders und erfolgreichen Unternehmers betreten. Was würde eine solche

Persönlichkeit denn zur Kandidatur eines 25-jährigen Regierungsinspektors in Waldachtal sagen? Binnen weniger Minuten aber war das Eis gebrochen, weil ich sehr nachhaltig spürte, dass Herr Artur Fischer es verstand, mir als jungem Menschen das Gefühl zu geben, dass er mich durchaus als geeigneten Anwärter für die Bürgermeisterposition ansah. Seine offene, charismatische, freundliche und zuvorkommende Art im Gespräch hat mir sehr viel gegeben, vor allen Dingen das Gefühl, dass hier über die Person Artur Fischer hinaus ein entscheidender Rückhalt für meine Kandidatur bestand.

Nach meiner Wahl war es daher für mich auch besonders erfreulich, von Herrn Artur Fischer, der sowohl an Lebensjahren als auch an Amtsjahren das dienstälteste Gemeinderatsmitglied war, im Amt vereidigt zu werden. Dieser denkwürdige Moment, einen Eid abzulegen gegenüber einem Mann, der in vielen Jahren Außergewöhnliches für seine Bürgerinnen und Bürger als Unternehmer und vor allen Dingen als sozial eingestellter Mensch geleistet hatte, wird mir immer in Erinnerung bleiben.

Damit aber war es nicht getan. Auch nach der Gemeindereform war es insbesondere Herr Artur Fischer als einer meiner Bürgermeisterstellvertreter, der mich immer wieder bestärkte, eine wichtige Entscheidung beim Kultusministerium Baden-Württemberg in Stuttgart, voranzutreiben.

Er war der tiefsten Überzeugung, dass es nur über eine gemeinsame Grund- und Hauptschule für alle Ortschaften von Waldachtal möglich sei, die Vorurteile in der Bevölkerung zwischen den Ortschaften abzubauen und die historischen Unterschiede und auch die unterschiedlichen Mentalitäten auszugleichen.

Seine Vision einer gemeinsamen Zukunft in Waldachtal für alle Menschen war mir Vorbild und Ansporn zugleich.

Als es in die entscheidende Phase der Verhandlungen mit dem Kultusministerium Baden-Württemberg und dem Oberschulamt Karlsruhe ging, war er es, der mit seinem gewichtigen Wort letztendlich mithalf, sämtliche Zweifel an einem neuen Standort für eine Grund- und Hauptschule Waldachtal auszuräumen. Und dies tat er in einer Form, die wohl ihresgleichen sucht. In einer Gemeinderatssitzung machte er völlig überraschend die Zusage, insgesamt 1 Million DM zur Finanzierung der beiden wichtigen Zukunftsprojekte (Grund- und Hauptschule sowie dazugehörende Sporthalle) beizusteuern.

Ich bin überzeugt davon, dass es uns als Verantwortlichen der Gemeinde Waldachtal zu keinem Zeitpunkt richtig gelungen ist, diese Großzügigkeit mit Worten adäquat zu würdigen. Dennoch: Wir sind zutiefst dankbar für diese entscheidende Weichenstellung, denn damit gehört ein Stück der Zukunft unserer Gemeinde Waldachtal auch unserem Ehrenbürger.

Ich habe es sehr bedauert, dass Herr Dr. Artur Fischer mit Rücksicht auf seine Unternehmensverpflichtungen und dem prall gefüllten Terminkalender nach der ersten Wahlperiode nicht mehr als Gemeinderat in der Gemeinde Waldachtal zur Verfügung stehen konnte. Dennoch, er war und ist eine herausragende Persönlichkeit in unserer Gemeinde Waldachtal, und die Geschichte Tumlingens und die Geschichte Waldachtals werden immer untrennbar mit dem Namen unseres Ehrenbürgers und vor allen Dingen seinem Engagement verbunden bleiben.

Artur Fischer hat immer die These vertreten, dass es der Gemeinde Waldachtal gut gehen müsse, wenn es dem Unternehmen fischerwerke gut geht. Dies hat er neben der Millionenspende für die Grund- und Hauptschule und die Sporthalle Waldachtal immer wieder mit finanzieller Unterstützung von vielen Einrichtungen im karitativen und sozialen Bereich, insbesondere auch in der Seniorenarbeit unterstrichen.

Wir sind sehr dankbar, dass sein Sohn Senator E. h. mult. Dipl.-Ing. (FH) Klaus Fischer als geschäftsführender Gesellschafter diese Tradition der fischerwerke fortsetzt.

Karl Heinz Hunken

Auf der Suche

Artur Fischer und die Universität Stuttgart sind seit vielen Jahren eng miteinander verbunden. Von denen, die ihn erleben, wenn er zu Studenten oder Hochschullehrern spricht – humorvoll und mit ansteckender Begeisterung –, werde ich zuweilen gefragt: Wie ist die Universität nur zu einem solchen Freund gekommen? Man beneidet uns offensichtlich um diesen Menschen, und man hat auch allen Grund dazu. In der Frage „Wie seid ihr an Artur Fischer gekommen?" stecken aber unausgesprochen noch weitere Fragen wie etwa die: „Was habt ihr unternommen, um euch einen so guten Freund einzufangen?" Und in der Tat, die Gewinnung Artur Fischers war die Frucht einer gezielten Suche. Aus meiner Zeit als Stuttgarter Rektor in den Jahren 1971 bis 1980 möchte ich gerne darüber erzählen.

Die frühen 70er-Jahre waren auch an der Universität Stuttgart vom Geist einer aufmüpfigen Jugend gekennzeichnet, die allem, was aussah wie ihre „Väter", den Respekt verweigerte. Es dauerte zwar Jahre, bis Moden und Riten der 68er das vorher brave Stuttgart erreichten, aber der Glaube an die Macht der Demonstrationen, der Verweigerungen, die Wirkung teilweise recht witziger Slogans, die Überzeugung durch Mitbestimmung, die Welt aus den Angeln heben zu können, haben mit den letzten Wellen dieser Zeitströmung auch Stuttgart erreicht. Zieht man den Überschwang ab, so lag ja auch manche Berechtigung in der gnadenlosen Kritik an einer Vätergeneration, die sich fleißig, aber vielfach ohne Herz, aus Schuld und Scham zumindest zu wirtschaftlicher Blüte erhoben hatte.

Nun hatte die zu dieser Zeit allseits beschworene Idee von der freien Selbstverwirklichung auch ihre Haken. Schnell wurde vergessen, dass Universitäten ja auch Schulen sind, mit Lehrern, deren Pflicht es ist, ihr Wissen und Können an Schüler weiterzugeben, dass Lernen nicht immer vergnüglich sein kann und dass Leistung und Wettbewerb das Leben nach dem Studium beherrschen werden. Im Rektorat wurde nach Wegen gesucht, die Ordnung zu sichern, Gespräche mit Studenten zeigten rasch, dass damals der Popanz „Wirtschaft und Unternehmertum" aufgebaut worden war, dem die „Unterdrückung" zugeschoben wurde. Eine Technische Universität weiß nun aber sehr genau, dass Unternehmer in Wahrheit Menschen sind wie wir alle, mit Stärken und Schwächen wie wir, die man beobachten muss, wenn man sie beurteilen will. Es ging also darum Unternehmer sichtbar zu machen, zu zeigen, dass es Menschen sind, die die Wirtschaft gestalten. Und weil wir fühlten, dass in den Vorwürfen der Studenten Unwissen und leichtfertige Vorurteile steckten, suchten wir nach Vorbildern, die in der Lage waren, diese aufzuheben.

Nun wollte es der Zufall, dass mir in dieser Zeit erstmals die anrührende Geschichte vom Sohn eines armen Schneiders aus dem Schwarzwald zu Ohren kam, der sich, getrieben von Fleiß, Erfindungsgabe und Ehrgeiz, aufgemacht hatte, seinem Tal Arbeit und Brot zu bringen. Ich wusste damals nicht, ob die Geschichte stimmte, sie war eigentlich zu märchenhaft und zu schön, um glaubhaft zu sein. Sie war aber faszinierend, wenn sie nur halbwegs stimmte und ich beschloss, meine Suche nach einem Vorbild auf diesen Mann zu konzentrieren.

Vorsichtige Erkundungen im fachlichen Umkreis Artur Fischers, Meinungen aus seiner regionalen politischen Umgebung, Gespräche mit ihm, die ich gesucht habe, um diesen Mann gewissermaßen auf Eignung zu prüfen für den von uns erhofften Zweck, nicht zuletzt unter Mitwirkung meines damaligen Prorektors Stute – die praktische Nüchternheit in Person, haben die Hoffnungen, die wir auf ihn setzten, mehr als bestätigt.

Und so haben wir ihm die Würde des Ehrensenators angetragen, in der Absicht, ihn mit einzuspannen ins Geschirr des Karrens, den wir damals zu ziehen hatten. Wir konnten nicht ahnen, auf welche Goldgrube wir wirklich gestoßen waren. Er hat unseren Antrag angenommen, als ob wir ihm damit eine ungenannte, heimliche Sehnsucht erfüllt hätten. Wie viele große Menschen, denen es in ihrer Zeit nicht vergönnt war, an den vermeintlichen Quellen des Wissens, den hohen Schulen zu lernen, hat auch Artur Fischer den Respekt vor Professoren und Wissenschaftlern nie ganz ablegen können. Er empfand es als Ehre und empfindet so wohl auch heute noch, einem Kreis angehören zu können, deren Mitglieder er lebenslang verehrte. Er lässt sich diesen Respekt auch von uns, die wir aus Erfahrung vor Selbstüberheblichkeit leidlich geschützt sind, nicht ausreden.

Durch viele Jahre hindurch ist er der redliche selbstlose Freund geblieben, der sich seiner Universität immer von ganzem Herzen geöffnet hat. Man muss ihn nicht erst bitten, eher muss man ihn warnen, wenn manche das Wort von der Goldgrube allzu wörtlich nehmen möchten.

Aber es ist wahr: Wir haben ihn einmal gesucht – fast wie Personalstrategen eines Unternehmens ein Mittel suchen, um Schwierigkeiten zwischen der Geschäftsleitung und dem Personal abzubauen.

Ab und zu darf der Mensch auch einmal Glück haben.

Heinrich Johannsen

Kein Meister vom Himmel

Vom 1. Oktober 1950 bis zum 31. März 1954 absolvierte ich im Betrieb von Artur Fischer meine Lehrzeit als Feinmechaniker. Und obwohl in den Anfangszeiten der heutigen fischerwerke die Möglichkeiten im Vergleich zu heute eher bescheiden waren, wurden von allen Mitarbeitern größte Anstrengungen unternommen, um uns eine gute Ausbildung zu ermöglichen.

So hat sichs zum Beispiel Artur Fischer trotz seiner vielen Verpflichtungen nicht nehmen lassen, uns die Kunst des Feuerschweißens beizubringen – obwohl dies nicht unbedingt zum Berufsbild eines Feinmechanikers gehört. Am Samstagmorgen fuhr Herr Fischer nach Freudenstadt zum „Eisen-Wagner" und besorgte die notwendige Holzkohle und die erforderlichen Eisenstangen.

Am Samstagnachmittag, nach getaner Arbeit, wurde dann das Feuer entfacht, und Herr Fischer demonstrierte uns gekonnt, wie zwei Eisenstäbe mittels Schmiedefeuer und Schmiedehammer fachgerecht verschweißt werden. Für den gelernten Schlosser Artur Fischer war dies sicherlich eine leichte Übung, für uns wars beinahe unmöglich. Entweder hatte das Eisen noch nicht die richtige Schmelztemperatur oder es war schon verbrannt. Trotz aller Fehlschläge war es aber eine Bereicherung in unserem Ausbildungsprogramm und hat uns gezeigt, dass auch beim Feuerschweißen kein Meister vom Himmel fällt.

Davon zeugte auch die Dübel-Olympiade im Jahr 72. Dieser internationale Wettbewerb fand aus Anlass des erfolgreichen Einsatzes der fischer-Befestigungselemente in den olympischen Bauten in München,

Dübel-Olympiade:
Artur Fischer und Maxl
Graf bei der Siegerehrung.

Kiel und Augsburg statt. Über ein Auswahlverfahren waren die Teilnehmer aus Deutschland und ganz Europa nach München ins „Holiday Inn"
eingeladen worden.

Ein buntes Rahmenprogramm, das zum Beispiel den Besuch im
„Platzl" und einen Empfang auf dem Fernsehturm umfasste, sorgte für die
nötige Stimmung und den erforderlichen Kampfgeist. Der bekannte
Schauspieler Maxl Graf führte, mit vielen Späßen garniert, durch die drei-
stündige Dübel-Olympiade. Assistiert wurde ihm unter anderem von
dem Bobfahrer und Olympiasieger Anderl Ostler und dem Münchner
Original Herrn Hirnbeiß mit seinem Hund Waldi.

Trotz größter Anstrengungen gelang es einem Teilnehmer nicht, den
fischerdübel S6 so zu montieren, dass man noch brauchbare Haltewerte
hätte messen können (bei sachgerechter Montage liegt die Bruchlast bei
rund 400 Kilogramm). Ob dies auf die sehr anstrengende Nacht zurück-
zuführen war, die hinter ihm lag, wurde nicht näher untersucht. Aber
auch hier zählte eben zuerst der olympische Gedanke und dann erst die
Punktzahl.

Fritz Kaufmann

Bildung mit Baukästen

Im April 1968 lernte ich als damaliger Organisator des Zweiten Werkpädagogischen Kongresses (WPK) in Weinheim den Erfinder der
fischertechnik kennen. Als Medium für eine sich anbahnende technische
Bildung an allgemein bildenden Schulen war sein ungeheuer vielseitiges
Baukastensystem allen auf dem Kongress vorgestellten Baukästen weit
überlegen – so auch meinem eigenen, der zur Lösung statischer Probleme
konzipiert war.

Ein erstes Fachgespräch im Kongressbüro wurde zum Beginn einer
intensiven Zusammenarbeit. Bereits vier Wochen danach kam ein Paket
mit vielen neugestalteten Bauelementen – ein für mich „technisches
Wunder", in so kurzer Zeit so viele Spritzgussformen herstellen zu können!

In einem freundlichen Schreiben fragte Artur Fischer an, ob diese
neuen Elemente für Werkaufgaben im Bereich „Bau" geeignet seien, was
ich bejahte. Nach Tumlingen eingeladen, durfte ich zum ersten Mal die
einmalige Atmosphäre eines Betriebes kennen lernen, in dem der Firmenchef ein Mit-Mensch geblieben war, der von sich bekannte, dass er
alles Erreichte der Gnade seines Schöpfers verdanke. Tief beeindruckt
fuhr ich zurück mit dem Auftrag, ein „fischertechnik-Schulprogramm" zu
entwickeln.

In dem Wissen, eine solch große Aufgabe als Fachdidaktiker alleine
nicht bewältigen zu können, bat ich fünf Kollegen meiner Hochschule
(der Disziplinen Pädagogik, Psychologie, Schulpädagogik und Physik)
um Mitarbeit, und es kam zur Gründung der „Arbeitsgruppe Techni-

sche Bildung der Pädagogischen Hochschule Heidelberg" (ATB). Zunächst galt es, eine Konzeption für Lernbaukästen zu finden. Unsere Vorschläge für „ut 1" (Unterricht Technik 1) bis „ut 4" sowie „ut S" (Statik) fanden Gefallen und gingen in Produktion. Sodann begann unsere Hauptaufgabe, das „fischertechnik-paperwork" in Form von Schülerarbeitskarten und Lehrerhandbüchern zu erstellen, die im Georg Westermann-Verlag in Braunschweig erschienen.

Die einmalige Chance, zusammen mit einem verständnisvollen Firmenchef ein didaktisches Konzept kreativer Technischer Bildung zu verwirklichen, konnten wir nur teilweise realisieren, weil neben unserer Lehrtätigkeit nicht genügend Zeit blieb für weitere Veröffentlichungen – zumal einige von uns mit der Herausgabe der Hauszeitschrift „fischerforum" beschäftigt waren, zusammen mit weiteren namhaften Pädagogen aus dem gesamten Bundesgebiet.

Was uns „langsame Schreiber" aber von Anfang an faszinierte, war das sich anbahnende persönliche Vertrauensverhältnis zu dem Menschen Artur Fischer. Jährliche Begegnungen, auch zusammen mit unseren Ehefrauen, vertieften über ein Jahrzehnt hinweg diese persönlichen Beziehungen.

Neben mancherlei Treffen auf dem Rödelsberg oder bei uns im Kurpfälzer Raum sind mir zwei in besonders lebhafter Erinnerung geblieben: der „Flugtag 1978" auf dem Flugplatz der Freudenstadter Fliegergruppe, bei dem Motorsegler-Pilot Artur Fischer seine Gäste beim „Thermik-Kurbeln" erblassen ließ – und das Abschiedstreffen mit allen am fischertechnik-Schulprogramm mitwirkenden Pädagogen und ihren Ehefrauen 1982 in Zell am See mit dreitägigem geselligen Beisammensein. Geblieben sind wunderschöne Erinnerungen an einen gemeinsamen Lebensabschnitt – und echte Männerfreundschaften mit Artur Fischer.

Heribert Keh

Der neue Mitarbeiter

Die Bildungsreform der 60er- und 70er-Jahre hatte zwei Zielrichtungen: eine äußere und eine innere. Die äußere intendierte zum Teil tief greifende Strukturveränderungen der Bildungsinstitutionen, die innere verstand sich als curriculare Reform.

Am Anfang der inneren stand die kritische Reflexion über alle Bereichssegmente, deren Summe das ausmacht, was man als allgemeine und für alle Schulgattungen verbindliche Grundbildung bezeichnet. Die so genannte kritische Reflexion deckte zum Teil erhebliche Defizite im Bildungsangebot auf.

Eines dieser Defizite betraf die Technik. Die Feststellung, dass die allgemein bildende Schule bis dato auf die Tatsache einer inzwischen völlig technisierten Welt in keiner Weise reagiert hatte, musste schockieren. Glücklicherweise blieb es nicht dabei. Auf werkpädagogischen Kongressen (vor allem 1966 in Heidelberg, 1968 in Weinheim, 1970 in Ludwigsburg) wurden lebhafte Diskussionen zwischen Theoretikern und Praktikern geführt.

In Ausstellungen von Schülerarbeiten wurde deutlich, was machbar war und was nicht. Es stellte sich bald heraus, dass die Erfüllung vieler in den curricularen Lehrplänen geforderten Lernziele mit konventionellem Werkmaterial unmöglich war. Ein werkpädagogisch ausgelegtes Baukastensystem wurde gefordert.

Zum Weinheimer Kongress hatten die Veranstalter alle damals bekannten Hersteller technischer Baukästen des In- und Auslandes eingeladen. Eine große Zahl erschien und stellte aus. Allerdings muss hervorgehoben

67

werden, dass auf den Appell der Werkpädagogen an die Hersteller technischer Baukästen, ihre Systeme den Anforderungen eines technisch orientierten Unterrichts anzupassen, nur einer sofort und mit sichtlicher Bereitschaft zu weitgehendem Engagement reagierte: Artur Fischer.

Der fischer-Stand war demzufolge fortgesetzt stark belegt. Ich habe nicht versäumt, eine am Stand ausliegende Bestellkarte für eine Mustersendung auszufüllen. Als das Muster dann kam, habe ich mich zunächst einmal gründlich geärgert. Es handelte sich um eine handwerklich schlecht gemachte Holzschachtel, in die man ein paar beliebig ausgewählte Bauelemente gestreut hatte. Ich wartete nicht, bis mein Ärger verraucht war. Ich schrieb sofort.

Ich weiß nun nicht mehr genau, was ich damals alles in meinem Brief geschrieben habe, aber – soweit ich mich kenne – ging es in die Richtung: „Man kann einem bayerischen Werklehrer nicht zumuten, eine so schlampig angefertigte Holzschachtel als Behältnis für beliebig gestreute Bauteile aus einem Baukastensystem zu akzeptieren ..."

Zu meiner großen Überraschung reagierte Artur Fischer darauf mit einer Einladung. Das Gespräch, das wir führten, ist für mich unvergesslich. Es ging nicht nur um Technik und Schule. Es ging um Zivilisation und Kultur, um Anpassung und Widerstand. Es ging sozusagen um alles. Plötzlich kam Artur Fischer auf die von mir beanstandete Schachtel zurück. Er sagte: „Sie haben vollkommen Recht. Dieses Muster taugt nichts. Wir müssen ein Besseres machen und meine Erfahrung sagt mir: Wer scharf, aber sachbezogen kritisiert, ist auch als Mitarbeiter geeignet."

Von diesem Augenblick an gehörte ich zu Artur Fischers Berater-Team.

Günter Knerr

Eine Familiengeschichte

Die Situation gibt es ab einem gewissen Alter immer öfter. Nahe stehende Menschen werden gleichfalls älter, Jubiläen stehen an. Vieles hat man gemeinsam erlebt. Doch was ist wert, festgehalten zu werden? Man sitzt vor einem leeren Blatt, das mit Gedanken und Gefühlen gefüllt werden soll. Es sind Bilder, die schnell wechseln und schwer zu fassen sind, weil sie kaum, dass man ihrer bewusst wird, wieder verrinnen – wie die Zeiten selbst.

Ganz anders bei Artur Fischer: Die Stationen sind so deutlich, als ob man sie gerade selbst erleben würde. Dies ist ein Gefühl, das ich schon hatte, als wir vor etwa fünf Jahren eine Zeitreise zu Ehren von Artur Fischer machten und sein Leben in digitale Bilder gossen.

Portraitzeichnung
von Elisabeth Knerr

Diese erinnerten Begegnungen sind außerordentlich unterschiedlich, sowohl was die Anlässe, die Beteiligten und die Gespräche angeht als auch die lukullischen Genüsse, die die Begegnungen meistens begleiteten. Was ihnen gemeinsam ist, ist die stille Dominanz von Artur Fischer. Seine Kreativität, sein nimmermüder Einsatz, die innovatorische Quelle Deutschlands zu speisen, sein schwäbischer Schalk, so häufig aus seinen Augen blitzend, seine Fähigkeit, die Anwesenden für seine Sache zu begeistern. All dies schafft Respekt

69

gegenüber einem großen Erfinder und Unternehmer. Aber auch Bewunderung vor dem inneren Feuer, das nicht nur glüht, sondern auch heute noch hell lodert und andere wärmt. Viele dieser Begegnungen stehen vor mir und wären es wert, beschrieben zu werden.

Sie könnten Dankbarkeit ausdrücken: Artur Fischer hat mitgeholfen, drei gemeinsame Ausstellungen zu planen. Eine davon ist zu einer Dauerausstellung des Deutschen Museums – „Bauklötze staunen" – gereift, weil sie zu einer Lieblingsausstellung unserer Besucher geworden war. Keine andere Abteilung erfährt so viel Unterstützung und Zuwendung durch unsere Besucher – abzulesen an vielen Briefen mit Anregungen, die Ausstellung auszuweiten und zu vertiefen. Viele Begegnungen und anekdotenhafte Geschichten knüpfen sich an ihre Entstehung.

Dennoch sind heute andere Erinnerungen außerhalb der beruflichen Sphäre stärker und lebendiger. Sie sind unserer ganzen Familie gemeinsam und zutiefst subjektiv und doch so vorherrschend.

Es ist die Erinnerung an einen Nachmittag im Privathaus von Artur Fischer. Es war der Vortag des 75. Geburtstags, und die Hektik des nächsten Tages stand am Horizont. Dennoch herrschte eine wundersame Ruhe, ganz entschieden von Rita Fischer ausgehend. Gemälde von Artur Fischer wurden neu gehängt. Mit jedem Bild, das seinen angemessenen Platz fand, wurde die Atmosphäre heiterer, gerade so als wenn bei einem Puzzle die letzten Teile sich zum Ganzen fügen.

Es ist die erste Begegnung mit den Gemälden von Artur Fischer. So ohne Bezug zur technischen Kompetenz, die dem Erfinder Eigen ist, sondern Farbenfreude und Formenvielfalt, kurzum Kreativität pur, die die zweite Seite des Erfinders ausmacht.

Und es ist die Beziehung unserer Kinder zu Artur Fischer. Kinder sind heute – häufig völlig zu Recht – skeptisch gegenüber den Großen und der ihnen dargebrachten Ehrungen; instinktiv spüren sie deren Formelhaftigkeit und Leere. Dass gerade ihnen Artur Fischer zum Vorbild geworden ist, stimmt zuversichtlich.

Ingo Kober

Ein Erfinder, der begeistert

Artur Fischer, Ehrengast im Kreise der geladenen Gäste anlässlich der Feierlichkeiten am 7. Oktober 1997 zum 20-jährigen Bestehen des Europäischen Parlaments. Er steht mit seinem Namen in Deutschland sozusagen als Synonym für „Erfinder".

Als nach dem Festakt die Wanderausstellung des Europäischen Patentamts zum Thema: „Patente in Europa – Erfindergeist: Ansporn für die Wirtschaft" eröffnet wurde, verdeutlichte Artur Fischer dem interessierten Publikum vor „seinem" Teil der Ausstellung in der ihm eigenen faszinierenden Vortragsweise seine Erfindungen – darunter die wohl bekannteste: der Spreizdübel. Wie es dazu gekommen ist, bis hin zur Vermarktung – all das hielt seine Zuhörer in Bann.

Auf dem Foto unten (von rechts): Professor Ursula Männle (bayerische Staatsministerin für Bundesangelegenheiten), Professor Dr. Edzard

Schmidt-Jortzig (Bundesjustizminister a.D.), Professor Norbert Haugg (Präsident des Deutschen Patent- und Markenamts) und Ingo Kober (Präsident des Europäischen Patentamts).

Felix Kryschak

Fischer-Filme

Es ist inzwischen fast 25 Jahre her, dass ich Artur Fischer zum ersten Mal traf. Es war die Zeit, als der fischerdübel „volljährig" geworden war. Natürlich war mir der Name fischerdübel schon vorher ein Begriff, und als unser Videostudio ein warenkundliches Programm über die verschiedenen fischer-Dübel erstellen sollte, war meine Neugier auf den Menschen hinter diesem Namen geweckt.

Als dann der große Wagen am Hotel Rödelsberg vorfuhr und ein zurückhaltender, bescheidener Mann auf mich zutrat, da dachte ich im ersten Moment, Herr Fischer hätte seinen Fahrer geschickt. Ich kannte ihn eben noch nicht, seine Bescheidenheit, seine Freundlichkeit, seine Gastfreundschaft.

Im Rückblick scheint es mir, als wäre in unserer ersten Begegnung bereits alles Weitere vorweggenommen gewesen. Die Autofahrt durch die sonnendurchflutete Landschaft des Schwarzwalds, untermalt von der Musik „James Last Klassik" aus dem Autoradio, die ruhige Stimme, mit der er von seiner Arbeit erzählte, der Stolz, mit dem er auf den von ihm gestifteten Spielplatz hinwies, die Verbundenheit mit Land und Leuten – all das prägt noch heute mein Bild von einer der Gründerfiguren der bundesdeutschen Wirtschaft, die es – und man darf wohl sagen: leider – nicht mehr gibt.

Dieser erste Eindruck hat sich während unserer Zusammenarbeit vertieft und durch viele kleine Begebenheiten verfeinert. Die Begeisterungsfähigkeit, mit der Artur Fischer dem Filmteam und mir die Produktionsanlagen vorstellte, war genauso groß wie unser Erstaunen darüber, dass hier mit fischertechnik-Produkten gearbeitet wurde, und unsere Überraschung bereitete ihm, dem Tüftler und Erfinder, sichtlich Freude. Manchen Abend haben wir in Dornstetten im „Goldenen Löwen" seine Gastfreundschaft genossen, „an der Theke festgedübelt", wie es bald hieß, und seinen neuen Plänen gelauscht oder die Vielfalt der fischerdübel bestaunt.

Dass unsere junge Abteilung dann von den Filmen – auf das Programm über Dübel folgte bald eines über fischertechnik – erstmals internationale Videofassungen erstellt hat, ist nur das i-Tüpfelchen einer außergewöhnlichen Zusammenarbeit mit einem außergewöhnlichen Menschen. Auch wenn wir in den letzten Jahren keinen direkten Kontakt mehr hatten, bleibt die Erinnerung an diese Zusammenarbeit – wachgehalten durch Presseberichte über Erfolge und Ehrungen und immer wieder wachgerufen, wenn etwas bombenfest halten muss und eines der kleinen grauen Wunderdinger zum Einsatz kommt, unscheinbar und unverzichtbar, wie ihr Erfinder.

Und unverzichtbar sind Menschen wie Artur Fischer heute mehr denn je, Unternehmer, deren Phantasie sich nicht nur auf Aktienkurse richtet, die den Weltmarkt ins Auge fassen, ohne ihre Heimat zu vergessen, die sich für den Menschen verpflichtet fühlen und nicht nur den Zahlen. Also hoffe ich für ihn und für uns alle, dass wir in zehn Jahren das nächste Jubiläum mit Artur Fischer feiern können.

Felix Kryschak

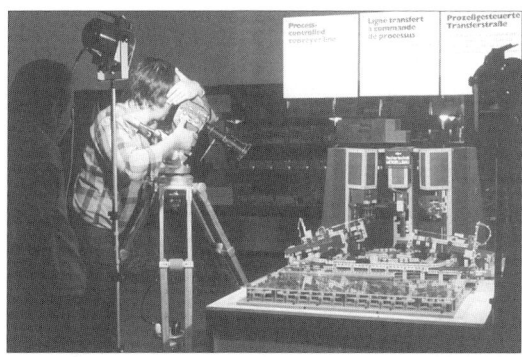

Warenkunde fürs Kaufhaus: Videoproduktion in den 70er-Jahren.

Kinder-Spiel

Ein Konstruktionsbaukasten erobert die Welt

Preisgekrönt: fischertechnik wird 1966 mit dem französischen Spielzeug-Preis ausgezeichnet.

Die Erkenntnis, dass selbst das lustvollste Erfinden zuweilen alles andere als ein Kinderspiel ist, hat sich Artur Fischer im Lauf seiner Tüftler-Karriere nachhaltig eingeprägt. Gelehrt haben ihn die Jahre der kreativen Erkundung neuer Möglichkeiten aber auch, dass ohne eine ausgeprägte Begeisterung fürs Spielerische und Spekulative das Erfinderglück kaum zu erringen ist. Geradezu ein musterhaftes Beispiel für das Zusammenspiel von hoch entwickeltem Technikerverstand und leidenschaftlicher Experimentierfreude ist eine Erfindung, zu der sich Artur Fischer während der Vorweihnachtszeit des Jahres 1963 geradezu genötigt sah.

Die Unmengen von Präsenten, die sich in jenen Tagen wieder einmal im Chef-Büro anhäuften, waren Auslöser für seine kreative Rebellion gegen den weihnachtlich verbrämten, dabei jedoch unverkennbar fantasielosen geschäftlichen Verbindlichkeitskult. Artur Fischer entschloss sich, künftig erstens nicht mehr die Geschäftsfreunde, sondern deren Kinder zu bescheren. Und zweitens, ihnen ein Spielzeug zu schenken, das dazu taugte, die kindliche Gestaltungsfreude anzuregen und zu steigern.

So entstand in durchaus verspieltem Ringen um ein möglichst vielseitiges und kreatives Spielzeug der fischer-Konstruktionsbaukasten, der vom Jahr 1965 an dann allerdings nicht nur die Kinder der Geschäftsfreunde der fischerwerke ergötzte, sondern bald Kinderstuben und Spielzimmer auf der ganzen Welt erobern sollte. Aber nicht nur die Experten im Kindesalter überzeugte der anregende und technisch anspruchsvolle Modellbaukasten, auch die Pädagogen waren voll des Lobes über die schier grenzenlosen Möglichkeiten, die das Spiel mit fischertechnik bot. Bereits ein Jahr nach der Marktpremiere seines Konstruktionsbaukastens durfte Artur Fischer in Frankreich den begehrten „Oscar de Jouet" entgegennehmen, und diesem „Oscar des Spielzeugs" folgten bald zahlreiche weitere Auszeichnungen.

Die Wirtschaftlichkeitsrechner im Tumlinger Betrieb allerdings konnten dem kinderfreundlichen Produkt aus dem Hause fischer wenig Vergnügliches abgewinnen. Je prächtiger sich der Umsatz mit dem Konstruktionsbaukasten entwickelte, dessen eindrucksvoller waren auch die finanziellen Verluste, die der Betrieb allein durch das anhaltend prächtige Dübel-Geschäft kompensieren konnte. Artur Fischer ließ sich jedoch durch eine solche Bilanz nicht aus dem kinderfreundlichen Konzept bringen. Die „leuchtenden Kinderaugen" waren ihm Gewinn genug. Ein solches Betriebsergebnis, meinte er, sei ohnehin nicht in schnödem Geld oder in nackten Zahlen aufzurechnen.

Wann immer Artur Fischer die Chance sah, durch seinen Erfindungsgeist dazu beizutragen, die Welt ein Stückchen menschenfreundlicher und lebenswerter zu gestalten, sah er sich dazu verpflichtet. So begeisterte er sich Mitte der 60er-Jahre auch spontan für die Idee des Straßburger Orthopäden und Unfallchirurgen Jean Nicolas Muller, Oberschenkelhalsbrüche künftig nicht mehr zu nageln, sondern zu dübeln. Die sicher zu erwartenden Vorteile einer solchen Technik, so erläuterte der Chefarzt am Straßburger „Hospices Civile" dem schwäbischen Tüftler, seien eine deutlich schmerzfreiere nachoperative Phase und ein merklich beschleunigter Heilungsprozess. Artur Fischer zögerte nach dieser Auskunft keinen Moment, dem Mediziner alle nötige Hilfe und eine vertrauensvolle Zusammenarbeit anzubieten. Tatsächlich erwies sich diese Zusammenarbeit schnell als sehr erfolgreich. Bei mehr als 300 Operationen wurde Artur Fischers Knochendübel aus Edelstahl Patienten des Straßburger „Bürgerhospitals" eingesetzt. Ein jähes Ende nahm die Karriere des Knochendübels jedoch, als Professor Muller überraschend mit 54 Jahren starb. Die deutschen Mediziner, bei denen Artur Fischer nun mit der ganzen Kraft seiner ausgeprägten Überzeugungskunst für die fortschrittliche Operations-Technologie warb, zeigten sich allerdings stur und innovationsfeindlich. Eine Enttäuschung, die Artur Fischer selbst in Jahren nicht verwinden konnte und die ihn den Entschluss fassen ließ, „niemals mehr etwas für die Medizin zu machen". Er ist dieser Entscheidung treu geblieben.

Erfolg war und ist für Artur Fischer, diesen eingeschworenen Freund klarer Entscheidungen und fester Prinzipien, nur vorstellbar auf der Basis eines kompromisslosen Qualitätsanspruchs. Ein erfülltes Unternehmerleben lang war er darauf bedacht, „Hochleistungsprodukte" herzustellen. Und die Richtschnur seiner Arbeit ist in all den Jahren dieselbe geblieben: „Ich wollte immer gute Produkte machen, denn dann, das wusste ich immer, gibts keine Probleme." Und natürlich sollten diese Produkte „den Menschen dienen". Artur Fischer scheute sich nie, die ethische Dimension seiner Arbeit auch dann zu vertreten, wenn sich manche seiner Unternehmerkollegen mit Erfolgen brüsteten, die sie mehr durch Rücksichtslosigkeit als durch gediegene Geschäftspolitik errungen hatten. „Der ehrliche Weg ist der richtige" war Artur Fischers unangreifbares Selbstverständnis. Und er hat seine Haltung bis heute nicht bereut.

Die Auszeichnungen, die ihm gerade auch dank seiner charakterlichen Geradlinigkeit in reichem Maß zuteil wurden, nahm er stets gern entgegen. Und er hat sich „von Herzen" darüber gefreut – allerdings nur dann, wenn er sich sicher war, dass die ihn Ehrenden nicht durch einen Seitenblick auf seine bekanntermaßen großzügig geschnittenen Spendierhosen von ihrer Bewunderung für sein Werk und seine Person abgelenkt waren. Über einen solchen Verdacht gänzlich erhaben waren natürlich die Vertreter des Fachbereichs Erziehungswissenschaften an der Justus-

Liebig-Universität Gießen, die Artur Fischer „in Anerkennung seiner hervorragenden Dienste um die Pädagogik" mit dem philosophischen Ehrendoktor auszeichneten.

Die Würde eines Ehrensenators der Universität Stuttgart wurde ihm im Jahr 1977 zuteil, und in den Olymp des deutschen Erfindergeistes wurde der gelernte Schlosser aufgenommen, als das Deutsche Patentamt im Jahr 1984 seine „Erfinder-Galerie" eröffnete und den schwäbischen Tüftler als jüngsten in die würdige Gesellschaft der nationalen Koryphäen des technischen Fortschritts einreihte. Nicht minder erlesen ist die Gesellschaft, der sich Artur Fischer seit dem 12. Dezember 1991 zurechnen darf, als ihm der Werner-von-Siemens-Ring und damit jene Auszeichnung verliehen wurde, die als die höchste deutsche auf dem Gebiet der technischen Wissenschaften gilt.

Und ein Jugendtraum ging für ihn in Erfüllung, als ihm der Senat der Universität Stuttgart den Ehrendoktor der Ingenieurswissenschaften verlieh. Schon als kleiner Bub hatte sich Artur Fischer nichts sehnlicher gewünscht, als Ingenieur zu werden. Doch so glanzvoll die Auszeichnungen auch sind, die Artur Fischer schmücken und zu denen seit 1991 auch der Professorentitel gehört, er trägt sie mit jener selbstverständlichen Würde, die aus tiefer Dankbarkeit für unzählige glückliche Lebenswendungen erwuchs.

Klaus Lempke

Gedübelt und geheilt

Der Besuch in Fischers Büro in Tumlingen erschien unerwartet und wirkte auf die Dame im Vorzimmer unheimlich. „Herr Fischer, da möchte Sie ein Arzt aus Straßburg sprechen. Er hält etwas im grünen Tuch, das wie ein Knochen aussieht." Fischer: „Na, bitten Sie den Doktor doch herein." Und der stellte sich dann vor als Chef der Abteilung für Orthopädie und Unfallchirurgie am Bürgerhospital in Straßburg.

Professor Jean Nicolas Muller kam sofort zur Sache. Vor dem staunenden schwäbischen Unternehmer enthüllte er einen Oberschenkelknochen vom Menschen: „Ich glaube, Sie sind der Mann, der uns im wahrsten Sinne des Wortes ein Problem vom Hals schaffen kann." Er zeigte auf den knöchernen Steg zwischen halbkugeligem Kopf und dem

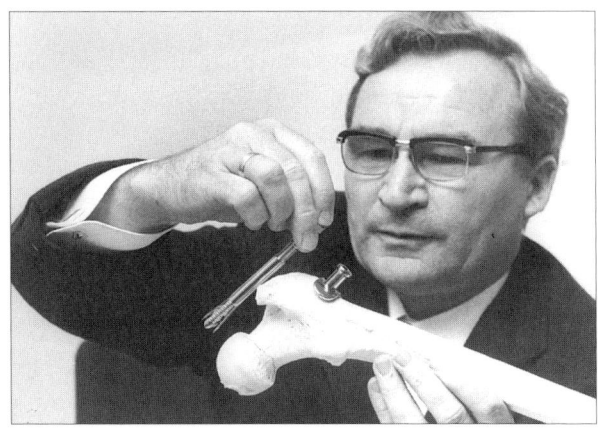

Knochenarbeit: Befestigungselement für die Chirurgie.

stabilen Schaft des Oberschenkels, den so genannten Schenkelhals, und dozierte: „Hier kommt es häufig zu Brüchen, wenn ältere Leute, besonders bei Glatteis, hinfallen. Wir müssen dann versuchen, die Fraktur mit Schrauben oder Nägeln von innen so zu stabilisieren, dass sie heilt. Doch alte, oft morsche Knochen heilen nicht so schnell wie junge. Die Patienten kommen nicht aus dem Bett. Langes Liegen aber schwächt ihre Herzen und Lungen. So sterben sie an Infektionen oder Embolien. Vor ein paar Wochen habe ich nun auf einer Bauausstellung Ihr Sortiment aus allen Befestigungselementen bestaunt. Seitdem geht es mir nicht aus dem Kopf: Könnten Sie für mich eine Art Spreizdübel konstruieren, der die Bruchstücke fest aneinander zieht und fixiert, so dass die Patienten schneller aufstehen können."

Der geniale Tüftler Fischer sah sich gefordert. Nach monatelangen Versuchen mit verschiedenen Dübeltypen konnten die ersten klinischen Tests beginnen. Chirurg Muller griff zum Skalpell. Durch einen kleinen Hautschnitt bohrte er, mit Sicht aufs Fernsehbild des Röntgenapparates, schräg von unten einen Kanal durch Oberschenkel und Bruchstelle bis in den Gelenkkopf. Mit einer zweiten Bohrung über einen Führungsdraht erweiterte er den Kanal, steckte den Dübel hinein, drehte an der Sechskantschraube außerhalb des Knochens (siehe Röntgenbild S. 80) und spreizte so die Branchen des A4-Stahldübels. Sie verankerten ihn im Hüftkopf und verhinderten eine Drehung der Bruchstücke gegeneinander.

Etwa 30 Patienten hatte Professor Muller mit dem Dübel behandelt. Er wollte auf Ärzte-Tagungen darüber berichten, doch ein Herzinfarkt während seines Winterurlaubs nahm ihm das Leben. Damit war auch der Dübel gestorben. Denn selbst ein Mann wie Fischer – mit damals 2 000 Patenten und ausgezeichnet mit dem Oscar du Jouet für den wissenschaftlich und pädagogisch wertvollsten Konstruktionsbaukasten in Frankreich – hätte bei den Primadonnen der Chirurgen-Kongresse keine Minute Redezeit bekommen.

Als Medizinredakteur der Zeitschrift STERN habe ich immer wieder versucht, Unfallchirurgen für den fischerdübel zu begeistern. Erste Reaktion: interessant. Dann jedoch das Aber: „Sie müssen wissen, bei den meisten Brüchen reißen eben doch Gefäße, die Schenkelhals und -kopf von außen ernähren. Der Kopf stirbt ab. Außerdem steckt der Dübel in einer elastischen, schwammartigen Knochenstruktur. Sie hält zuerst, dann aber lässt die Umklammerung vor der knöchernen Heilung durch den Druck des Dübels auf die Knochenbälkchen nach. Die Bruchenden können sich doch noch verschieben."

Inzwischen war neuer Schwung in morsche Hüften gekommen. Seit der Engländer Dr. John Charnley 1962 das erste praktikable Kugellager im Körper verankerte, hatte sich diese Operationstechnik stürmisch entwickelt. So entscheiden sich heute Chirurgen beim älteren Menschen von Anfang an fürs künstliche Hüftgelenk. Der Zement, der die Knochen hält, härtet praktisch unter ihren Händen, so dass die Prothese bereits am nächsten Tag belastbar ist und der Operierte ein paar Schritte gehen kann.

Auf die Frage, ob für jüngere Patienten ein Dübel, der das eigene Gelenk erhält, nicht doch besser wäre als eine Prothese, hieß es gewöhnlich: Mag sein, in seltenen Fällen. Aber man brauche eigene Erfahrungen mit dem Dübel und müsste alles erst einmal prüfen.

Ja, man müsste mal. Dabei ist es geblieben.

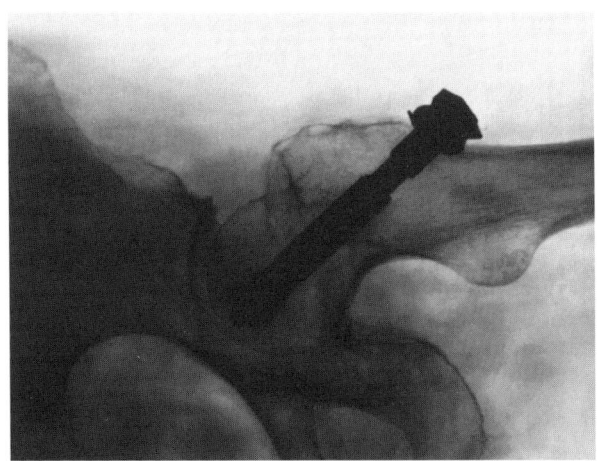

Nach der Fraktur: Ein Fischer-Dübel gibt Halt.

Hans Maier

„Herr Fischer, darf ich rauchen?"

Im Frühjahr vor fast 35 Jahren fuhr ich zum ersten Mal nach Tumlingen, als Sprecher einer Arbeitsgruppe, die sich mit Problemen der technischen Bildung in Grund,- Haupt- und Realschulen befasste. Ein Mitglied der Arbeitsgruppe, Fritz Kaufmann, hatte uns auf die fischertechnik-Baukästen aufmerksam gemacht. Wir hielten es für zweckmäßig, Arbeitskarten für die einzelnen Schüler/innen zu entwickeln, mit Arbeitsaufträgen – etwa zum „Bau einer Drehschemel-Lenkung" – in schülergemäßer Form und mit Bauhilfen für Eigenversuche der Schüler/innen. Über dieses Vorhaben sollte ich mit Artur Fischer sprechen. Am Vormittag traf ich in den fischerwerken ein. Ich wurde schon erwartet.

Artur Fischer begrüßte mich sehr freundlich. Wir nahmen an einem runden Tisch Platz. Er fragte, was ich trinken wolle, kurze Zeit später wurden die Getränke gebracht, dann begann das Gespräch. Ich beschrieb die Arbeitskarten anhand eines Entwurfs und begründete unser Vorhaben mit Blick auf das eigenverantwortliche Arbeiten der Schüler/innen. Nach einiger Zeit fragte ich, ob ich rauchen dürfe. „Selbstverständlich", war die Antwort. Ich griff in die Tasche und stellte fest, dass ich vergessen hatte die Zigaretten mitzunehmen. Artur Fischer ging daraufhin ins Vorzimmer und kurz darauf kam die Dame mit einer Schachtel Zigaretten. Allerdings waren es Virginia-Zigaretten, deren Tabakgeschmack mir zuwider ist, und ich lehnte dankend ab. Das Gespräch ging weiter.

Nach kurzer Zeit aber stand Artur Fischer erneut auf und ging kurz ins Vorzimmer. Ungefähr eine halbe Stunde später brachte die Dame eine andere Schachtel Zigaretten. Es waren „Attika", reine Orientzigaretten.

Als ich sie beim Hinausgehen fragte, woher sie diese Zigaretten hätte, erklärte sie mir: „Herr Fischer hat mich beauftragt, den Chauffeur zu verständigen, er solle nach Freudenstadt fahren und in einem Fachgeschäft eine Schachtel Orientzigaretten kaufen."

Im Laufe der Zeit konnte ich feststellen, dass es zum Wesen von Artur Fischer gehört, dafür zu sorgen, dass sich seine Mitarbeiter bei der Arbeit wohl fühlen. Damit steht Artur Fischer in einer Reihe mit einigen Erfindern und Firmengründern wir Robert Bosch, Werner Siemens und Heinrich Lanz, die sich alle in besonderer Weise um das Wohlergehen ihrer Mitarbeiter kümmerten.

In der Erzählung „Kindheit eines Chefs" von Jean Paul Sartre sagt der Vater, ein Firmenchef, zu seinem Sohn: „Merk dir eines, mein Sohn, es kann dir nur gut gehen, wenn es auch deinen Mitarbeitern gut geht. Gewinn ist nicht alles!"

Siegfried Manleitner

Problem Küchenschrank

Die Landesbauordnungen fordern, dass bauliche Anlagen so anzuordnen, zu errichten, zu ändern, instandzuhalten und instandzusetzen sind, dass die öffentliche Sicherheit oder Ordnung, insbesondere Leben oder Gesundheit, nicht gefährdet werden. Dies gilt auch, wenn Bauteile mit Dübeln befestigt oder verankert werden.

Vor etwa 30 Jahren, als Dübel bereits seit langen Jahren zu vielerlei Zwecken verwendet wurden, hatte eine Reihe teilweise schwerer Schadensfälle gezeigt, dass einigen wesentlichen Faktoren zu wenig Beachtung geschenkt wurde. Die Bauaufsicht forderte daher 1972, dass für die Verwendung der Dübel eine allgemeine bauaufsichtliche Zulassung erforderlich ist, und ein Sachverständigenausschuss des Instituts für Bautechnik erarbeitete hierfür Beurteilungsgrundlagen.

Die ersten Zulassungen für Metalldübel wurden 1975 erteilt, dazu gehörte am 1. Juli 1975 der „fischer-Automatic-Dübel FA und FAC".

Besondere Probleme bereitete jedoch die Erteilung einer Zulassung für Kunststoffdübel. Es gab Schadensfälle bei abgehängten Decken, die vermuten ließen, dass das Dauerstandsverhalten der Dübelhülse unzureichend war. Die Verwendung für eine reine Zugbelastung, zum Beispiel für abgehängte Decken, wurde verboten, und auch bei Fassadenverankerungen gab es erhebliche Bedenken, solange nicht die Alterung des Kunststoffes hinreichend nachgewiesen war.

Eine Episode erschwerte zusätzlich die Situation, da bei einem Vertreter der Bauaufsicht bei der Befestigung seiner Küchenschränke die Kunststoffdübel versagt hatten und dieser somit deren Verwendung für tragende Konstruktionen grundsätzlich in Frage stellte. Neben gezielten Laborversuchen zur Klärung des Langzeitverhaltens und der Alterung des Kunststoffmaterials waren daher auch praktische Versuche an ausgeführten Bauwerken erforderlich.

Hier kam es 1973 am Berliner Sportpalast zu einer Begegnung mit Artur Fischer, die fortan alle Kontakte, Gespräche und Beratungen mit ihm und der Firma fischer entscheidend geprägt haben. Die Versuche wurden von der Bundesanstalt für Materialforschung und -prüfung in Berlin (BAM) unter der Leitung von Dr. Arno Plank durchgeführt. Die Ärmel hochgekrempelt, legte Artur Fischer mit Hand an. Das Fachgespräch zu dritt zeigte seinen unbändigen Wissens- und Entwicklungsdrang. Er erläuterte uns, wie der Dübel und die dazugehörige Schraube inzwischen verbessert und weiterentwickelt worden waren. Bereits die Zwischenergebnisse dieser BAM-Untersuchungen (zusammen mit den Labortests) konnten die Bedenken der Sachverständigen ausräumen, so dass Ende 1975 auch die Zulassung für den fischer-Kunststoffdübel zur Befestigung von Fassadenbekleidungen erteilt wurde.

Alle künftigen Gespräche waren von dem Geist geprägt, uns rechtzeitig über neue Entwicklungen zu informieren und offen darüber zu diskutieren. Während der Gespräche legte Artur Fischer diverse Handskizzen vor, zauberte aus seinen Anzugtaschen Prototypen hervor und entwickelte auf einem Stück Papier neue Ideen. So konnte ich auch recht früh die Entwicklung seines geliebten „Zykon-Systems" verfolgen. Es war aus Sicherheitsgründen so überzeugend, dass ich mich bei aller geforderten Neutralität auch im Sachverständigenausschuss für dessen Zulassung stark machte. Es war ein dornenreicher Weg, bis alle bestehenden Fragen zur praxisgerechten Anwendung dieses Systems geklärt und die Zulassung 1983 erteilt werden konnte. Danach gab es weitere Verbesserungen und neue nationale Zulassungen für das Zykon-System. Eine besondere Freude war für mich, dass ich Klaus Fischer anlässlich des 50-jährigen fischer-Jubiläums im Herbst 1998 für den fischer-Zykon-Anker FZA die ersten beiden europäischen technischen Zulassungen eines deutschen Dübelherstellers überreichen konnte.

Albrecht Mey

Der Dessous-Auftrag

Jedes Jahr kommen rund 200 Millionen Wäschebügel in den Handel; das sind in fünf Jahren eine Milliarde, überwiegend Einwegbügel, also Bügel, die nur einmal benutzt werden. Ein unvorstellbar großer Müllberg aus Kunststoff entsteht. Seit Jahren diskutierten Handel und Industrie darüber, wie man diesen Müllberg beseitigen könnte. Viele Gespräche waren geführt worden. Leider wurde nie ein brauchbares Ergebnis erzielt. So fuhr ich zusammen mit den Herren Geiger und Gerlach auch jetzt wieder ohne Ergebnis von einem Gespräch zurück, das bei einem großen Mitbewerber stattgefunden hatte.

Professor Fischer war uns persönlich bis dahin nicht bekannt. Am gleichen Tage jedoch war eine Zeitungsnotiz erschienen, die darauf hinwies,

Halt für Höschen:
Erfinder, Modell
und Auftraggeber.

85

dass er über 5 000 Patente und Gebrauchsmuster sein Eigen nennt. Dies war für mich eine Initialzündung.

Ich überlegte: Ein solcher Mann muss doch auch in der Lage sein, für die Mieder- und Wäscheindustrie einen vielfach wieder verwendbaren Bügel aus Kunststoff zu entwickeln.

Ein Telefonanruf genügte, und schon bekamen wir ganz kurzfristig einen Besprechungstermin. Herr Professor Fischer machte große Augen, denn mit Wäschebügeln hatte er sich noch nie beschäftigt. Er fing trotzdem gleich an zu zeichnen, während wir noch sehr skeptisch waren, was wohl daraus werden würde. Langer Rede kurzer Sinn: Professor Fischer konstruierte für uns einen vielfach wieder verwendbaren Wäschebügel.

Eine Idee war geboren. Die Idee setzte sich fort in der Schaffung eines Bügelkreislaufs: Der Kunde der Wäscheindustrie schickt die Bügel an eine Behindertenwerkstatt, dort werden die Bügel wieder aufgearbeitet und dem jeweiligen Hersteller erneut zugeführt. Seit 1998 wird der Bügel in der Produktion von Mey und bis jetzt bei einer weiteren Firma eingesetzt. Die Rücklaufquote bei Mey beträgt bereits 55 Prozent, ein nicht erwartetes, unwahrscheinlich gutes Ergebnis.

Die Geschichte geht aber weiter: Die fischerwerke entwickelten einen Vollautomaten, der ohne Zutun einer menschlichen Hand die Bügel produziert, etikettiert und abpackt. Nicht nur zwei Fliegen, sondern mindestens vier Fliegen wurden so mit einer Klappe geschlagen: Der Kunststoff-Müllberg hat abgenommen, der Bügelkreislauf ist entstanden, Behinderte haben Arbeit und auch die maschinelle Innovation wurde angeregt.

Nicht unerwähnt soll bleiben, dass Professor Fischer schmunzelte, als letztlich seine Arbeit von Erfolg gekrönt war. „Niemals hätte ich mich mit einem Bügel beschäftigt", sagte er, „auf dem Mieder und Wäsche verkauft werden." Über den Bügel aber ist er mit einem Produkt konfrontiert worden, das schön ist und, wie wir feststellen konnten, selbst im fortgeschrittenen Alter noch zum Schmunzeln Anlass gibt.

Der falsche Hausmeister

Nicht allein im Institut für Erziehungswissenschaften, nein, auch in der Familie war von Artur Fischer und seinem Werk oft die Rede. Man reichte Aufnahmen von Fabrik und Erzeugnissen reihum, berichtete von so manchem Besuch in Tumlingen und rühmte die Gastfreundschaft des Ehepaars Fischer. Etliche Male saß man dort nach Feierabend im „Museum", in dem unter anderem Handwerkszeug aus Fischers Lehrlingszeit zu bestaunen war.

Kurzum, ich wollte meinen gerade aus Siebenbürgen umgesiedelten Verwandten, die ich in Stuttgart besuchte, auch gerne mal die fischerwerke zeigen und bat um Erlaubnis für einen Besuch. Per Auto waren wir schnell und bequem am Ort. Ich hielt auf dem Parkplatz, ließ meine Mitfahrenden – Schwester und Schwager – warten, während ich vorausging, um uns bei Herrn Fischer anzumelden.

Mein Fortbleiben dauerte ihnen dann aber wohl doch etwas zu lange. Als sie einen Mann in schlichter Kleidung auf das Auto zukommen sahen – sie dachten, es müsste sich um den Hausmeister handeln – , baten sie ihn um Auskunft: „Kennen Sie sich aus auf dem Gelände? Und können Sie uns auch sagen, wo und wie wir Herrn Fischer finden? Unser Fahrer lässt uns offensichtlich im Stich." Nach kurzem, verständnisvollem Schmunzeln kam die verblüffende Antwort: „Der Herr Fischer steht vor Ihnen. Ihr Bruder sitzt bereits in meinem Büro. Bitte kommen Sie mit. Meine Sekretärin hat mir schon gemeldet, dass Sie angekommen sind. Ich wollte Sie nicht warten lassen und Sie selber abholen".

Für Minuten verschlug es den Fragenden die Stimme, wie sie auf der Rückfahrt berichteten. Ihnen war alles noch so neu, so unbekannt und ungewohnt, sie selber noch recht verschüchtert – und dann diese Panne! „Einen so erfolgreichen und berühmten Mann wie Herrn Fischer konnten wir uns nicht anders als im Frack, mit Fliege und Lackschuhen vorstellen. Stattdessen sind wir einem freundlichen Menschen begegnet!"

Hilmar Pabel

Umweg über Vietnam

Das ist schon lange her: 1975 – also vor einem Vierteljahrhundert – war ich als Berichterstatter bei den Siegesfeiern der Vietnamesen in Hanoi. Dabei ergab sich am Rande ein Interview mit Madame Binh, der neuen Kultusministerin, einer hochgebildeten Dame, die in Paris aufgewachsen war und an der Sorbonne studiert hatte.

Am Schluss unseres Gespräches sagte sie: „Wir suchen für die Kinder unserer Schulen Spielgeräte, die für die Entwicklung ihrer Intelligenz wichtig sind. Aus Deutschland haben wir etwas von den ‚boites de Monsieur Fischer' gehört, von ‚Fischer-Kästen', haben Sie vielleicht auch damit gespielt?"

Mon Dieu! Da musste ich passen, denn „zu meiner Zeit" – das wäre Anfang der Zwanziger Jahre gewesen – da gabs noch keine „boites de Monsieur Fischer", da lag der kleine Artur nach am zarten Busen seiner Mutter! Also versprach ich Madame Binh: „Ich werde mich darum kümmern." Und fragte den neu ernannten deutschen Botschafter, einen jungen Mann, ob er die „Fischer-Kästen" kenne? „Na klar kenne ich die! Ich habe viel damit gebaut, und es hat großen Spaß gemacht! Heute spielen meine Kinder damit."

So ging ich nach meinem Rückflug in Prien am Chiemsee in ein Spielwarengeschäft und fragte nach einem Fischer-Kasten. „Selbstverständlich haben wir die – da drüben in dem großen Regal." Ich schrieb mir die Adresse auf und rief die fischerwerke in Tumlingen an. Im schönsten Schwäbisch fragte eine Stimme nach meinem Begehr. „Lachen Sie nicht über meine Frage: Ich möchte gern wissen, ob die fischerwerke nur ihrem Namen nach so heißen, oder ob es wirklich einen Herrn Fischer gibt – greifbar und lebendig?" Ein fröhliches Lachen war dennoch die erste Reaktion. „Sie meinen wohl unseren Chef, den Herrn Senator Fischer? Na, hören Sie mal, natürlich gibts den – Gott sei Dank!"

Und so schrieb ich einen ehrfurchtsvollen Brief an den Herrn Senator und übermittelte ihm den Wunsch von Madame Binh aus Hanoi. Gleich am Tag darauf läutete das Telefon und der Herr Senator war höchstpersönlich am Apparat. „Also, lieber Herr Pabel, ich kenn' Sie doch von Ihren Bildern – sehr interessant, was Sie mir da schreiben. Ich habe schon veranlasst, dass Madame Binh ein paar Baukästen über die Botschaft in Bonn bekommt. Und Sie möchte ich gern kennen lernen, kommen Sie doch mal zu mir nach Tumlingen!"

Diese Einladung führte nach einer Werksbesichtigung zu einem abendlangen Gespräch, das mir unvergesslich bleiben wird. Weil der Herr Senator – bei einem sehr guten Essen und ein paar Flaschen besten badischen Weines – aus seiner Jugendzeit erzählte. Noch heute tut es mir Leid, dass ich kein Tonbandgerät dabei hatte, denn da wurde aus dem weltberühmten Erfinder wieder ein kleiner Bub von vierzehn Jahren.

„Mein Vater bestimmte: Du wirst Schlosser! Und damals gabs keine Widerrede. Er brachte mich zu einem baumlangen Meister nach Stuttgart. Der schaute auf mich herunter und meinte: Dein Vater hat mir ja erzählt, dass du kein Riese bist – aber nicht, dass du soo klein bist! Dir muss ich ja zwei Kisten hinstellen, damit du bis oben an die Werkbank reichst!" Und weiter erzählte der inzwischen „größte aller Fischer": „Ja, ich war der jüngste Lehrling – und musste in der Besenkammer schlafen, denken Sie mal. Ich hab' vor Kummer geweint, weil ich so großes Heimweh hatte!"

Nun, was aus dem kleinen Schlosserbub geworden ist, wissen wir alle – und was er aus seinem Leben gemacht hat, kann sich weltweit sehen lassen.

Günter Pritschow

Ein Freund mit Herz

Die Universität als Ort junger kreativer Menschen, die sich für neue Ideen begeistern lassen, oft bis zur Selbstaufgabe, die sich vorbereiten auf ein Berufsleben, das von ihnen permanente Anpassung verlangt und Innovationsgeist erfordert – das ist die Welt, in der Artur Fischer zu Hause ist: Wo er sich wohl fühlt, wo er mit Freuden zum Wohltäter wird und wo er sich eins weiß im gleichen Gefühl mit denen, die er unterstützt, die ihn glücklich machen, wenn er ihre Anliegen auf unkonventionellen Wegen voranbringen kann. Artur Fischer engagiert sich dabei nicht nur mit finanziellen Mitteln, sondern als mitdenkender Freund mit Herz und Verstand.

Er, der nie eine akademische Ausbildung genießen durfte und sich dennoch in die Reihe der ganz großen Ingenieure eingereiht hat, verspürt feiner als der heutige Nachwuchs, dass das Studium an einer Universität nicht nur Ausbildung zum Nulltarif anbietet, sondern Werte vermitteln kann und soll, die sich an Tugenden mit Tradition wie Bildung, Gemeinsinn, Pflichtbewusstsein und Zuverlässigkeit messen lassen. An entsprechenden Vorbildern und Vorlesungen mangelt es der Universität auch in diesen Bereichen nicht, doch lässt das Gesamtbild nach außen heute viele Glanzlichter vermissen, die durch den Eifer vergangener Reformgenerationen verloren gegangen sind. Gute akademische Traditionen wurden in den 70er-Jahren ersatzlos abgeschafft. Selbst Diplomübergabefeiern reduzierten sich auf eine postalische Zusendung der Diplomzeugnisse im Ökopapierumschlag an die Absolventen.

Ende der 80er-Jahre war es, als Artur Fischer und die Mitglieder des Rektorats um Prof. Effenberger bei einem Glas Wein über Verlorengegangenes sinnierten und gleichzeitig über neue Ziele für die Artur Fischer-Stiftung nachdachten.

Man besprach die damaligen Rektoratsziele, und zu denen zählten insbesondere Maßnahmen zur Verkürzung der Studienzeit. Studien- und Prüfungsordnungen wurden systematisch und zum Teil radikal überarbeitet, um sicherzustellen, dass ein Studium in zehn Semestern absolviert werden kann, und es war ein Anliegen des Rektorats, die Motivation der Studierenden durch Begleitmaßnahmen zu erhöhen.

Mit Artur Fischer in unserer Mitte war es leicht, hier kreativ zu werden: Das minimale Produkt aus Studienzeit und Durchschnittsnote sollte der Maßstab werden, und die besten Absolventen sollten durch Preise herausgestellt werden, überreicht im Rahmen einer würdigen akademischen Diplomübergabefeier. Eine akademische Veranstaltung sollte es werden, an die man auch später noch im Berufsleben zurückdenkt, mit musikalischer Umrahmung, einem bedeutenden Festredner sowie Wein und Brezeln zum anschließenden Empfang. Mit Hilfe der Artur Fischer-Stiftung, einer Zustiftung durch den Namensgeber, und einer entsprechenden inhaltlichen Neuorientierung wurde 1990 dieser Wunschtraum Wirklichkeit für die Fakultäten Maschinenwesen (Fakultäten 5 und 6) sowie Bauingenieurwesen (Fakultät 2).

Artur Fischer selbst wurde gebeten, bei der ersten Veranstaltung die Festrede zu halten, und seine Rede traf ins Herz. Er erzählte mit faszinierender Eindringlichkeit aus den Anfangsjahren seines Weges vom Unternehmer, aus einer Zeit, wo die wichtigsten Fähigkeiten an Eigenschaften wie Kreativität, Unternehmergeist und Flexibilität gemessen wurden, um dann den Bogen in unsere Zeit zu schlagen mit dem eindringlichen Plädoyer, die Jugend möge die gleichen Werte als die wichtigsten für die Gestaltung ihrer eigenen Zukunft erkennen.

Die Einrichtung dieser Diplomübergabefeiern wurde ein großer Erfolg. Nicht nur die Diplomanden, auch Familienangehörige nehmen in großer Zahl bis heute daran teil. Der Kreis der begünstigten Fakultäten wurde 1997 durch eine weitere großzügige Zustiftung von Artur Fischer auf die Fakultäten Chemie und Physik ausgedehnt. 1998 wurden so insgesamt zehn Artur Fischer-Preise in den Fakultäten Bauingenieurwesen, Maschinenwesen, Chemie und Physik vergeben, wobei die Preisträger durchweg zeigten, dass man in den vorgegebenen Regelstudienzeiten mit besten Noten das Studium beenden kann.

Die Vergabe dieser Auszeichnung beweist nicht nur auf das Beste, dass die Universität Stuttgart ein in der Regelstudienzeit studierbares Angebot an Studiengängen bereithält – damit weist sie auch die mediengeförderte öffentliche Meinung von den verrotteten deutschen Universitäten in das Reich der Zeitungsenten –, sie bildet zudem den Höhepunkt von Diplomübergabefeiern, wie wir sie uns besser nicht wünschen können.

Günter Pritschow

Gerhard Ruckwied

Eine tierische Erfindung

Lachen, Heiterkeit und Humor sind Markenzeichen des erfolgreichen Erfinders und Unternehmers Artur Fischer, aber vielleicht auch das Geheimnis seines Erfolgs. „Lachen und Lächeln sind Tor und Pforte, durch die viel Gutes in den Menschen hineinhuschen kann", schrieb Christian Morgenstern. Diese Eigenschaften sind jedenfalls gesund und ansteckend dazu, und so erklärt sich auch der folgende (nicht ganz ernst zu nehmende) Versuch zur Jahreswende 1989/90, dem Erfinder mit nahezu 6 000 Schutzrechten meine eigene Erfindung anzupreisen.

„Lieber Herr Fischer, es ist ein beliebter Brauch, zum Jahreswechsel ein Glücksschwein zu bemühen, wenn einem daran gelegen ist, einen glücklichen Verlauf des neuen Jahres herbeizuwünschen. Sicher hat man Ihnen bislang an Ihren Geburtstagen, die ja praktischerweise mit dem Jahreswechsel zusammenfallen, die verschiedensten Arten der Spezies Glücksschwein präsentiert. Ich bin aber sicher, dass ich mit meiner Variante ein

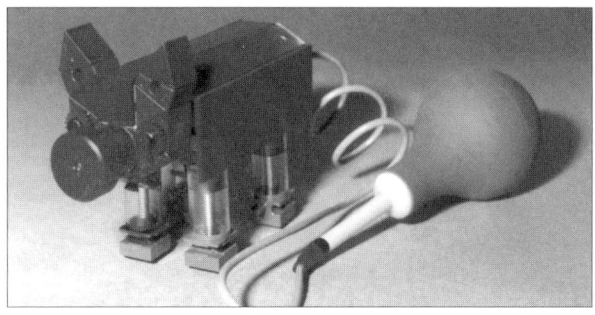

Prototyp I:
das fischertechnik-
Pneumatik-
Glücksschwein.

94

bisher nie da gewesenes Exemplar zu bieten habe: das fischertechnik-Pneumatik-Glücksschwein (Foto S. 94).

Ich überreiche Ihnen heute einen Prototyp dieser Gattung mit den bei der Aushändigung von Neujahrsschweinen üblichen guten Wünschen zum Jahreswechsel. Neben diesen ideellen Absichten möchte ich damit aber auch einen Vorschlag für einen neuen Baukasten verbinden, der meines Erachtens für das Neujahrsgeschäft saumäßig*) erfolgreich sein müsste. Da Sie sich als Techniker und Erfinder sicher für die Konstruktion des ansprechenden Tierchens interessieren, habe ich im Folgenden die wichtigsten Details zusammengestellt.

Anatomische Merkmale: Bei der Formgebung wurde eine bei geselligen Abenden und in vorgerückter Stunde des öfteren von Ihnen aus einem Ihrer besonders gelungenen Schulaufsätze stammende Beschreibung eines Hausschweins berücksichtigt, die sehr deutlich Ihre schon damals spezifisch technische Sicht der Dinge erkennen lässt. Zitat: ‚Das Schwein ist viereckig. An jeder Ecke ist ein Bein. Vorne ist der Kopf und hinten hört es ganz auf.‘ Die Statur des fischertechnik-Schweins ist dementsprechend außerordentlich kantig und kräftig und lässt ein problemloses Durchwühlen des neuen Jahres erwarten. Es ist ein fruchtbares Schwein. Dies zeigen die seitlichen Anschlussstutzen für sechs Frischlinge, die aufgrund der Verlagerung vom Unterbauch an die Seiten selbst im Galopp benützt werden können.

Das Bemerkenswerteste ist der Kopf. Die Ohren sind im Gegensatz zu üblicherweise hängenden Schweinsohren aufmerksam in die Zukunft gerichtet. Die Augen blicken entgegen dem allgemein bekannten kurzsichtigen Ausdruck von Schweinsäuglein offen und weitsichtig in die Ferne. Besonders beeindruckend ist jedoch der Rüssel, dessen kräftig dimensionierter Pralltopf es mit jedem Hindernis des kommenden Jahres aufnehmen kann.

Antrieb: Der Antrieb ist ein Vierzylinder, der mit Biogas betrieben wird, das in ländlichen Regionen in ausreichender Menge zur Verfügung

Gerhard Ruckwied

*) bedeutet im Schwäbischen: außerordentlich

steht und als regenerative Energieform zukunftsweisend ist. Die Funktion des Schweinsantriebs ist daher über Jahre gesichert. Der schweinetypische Ringelschwanz ist unwesentlich verlängert und dient neben der bekannten erheiternden Wirkung auf den Betrachter zur Energiezufuhr. Die Kraftübertragung erfolgt hinten über Einzelbeinaufhängung zur Anpassung an Unebenheiten des Jahreslaufs, wogegen vorn wegen des saumäßigen Vorschubs zur Stabilisierung Starrhaxen verwendet werden.

Je nach Verlauf des Geschäftsjahres können die Klauenprofile gewechselt werden. Normaler Ablauf: Routine-Klaue mit Allwetterprofil; besonders leichter Ablauf: Luftpolsterklaue für besonders elegante Gangart; schwieriger Ablauf: Keilerklaue mit Rücklaufsperre; sehr schlechter Ablauf: Saugnapfklaue für extreme Steigungen. Wegen der zunehmend milden Winter wurde auf die Entwicklung einer Winterausrüstung verzichtet.

Bedienung: Das Glücksschwein wird durch gefühlvolles Zusammenpressen eines Handkompressors aktiviert. Die Drucksteuerung ist so ausgelegt, dass das Tier wie in der Realität zuerst die Hinterläufe ausfährt, danach die Vorderläufe. Dies muss beim Abmarsch unbedingt beachtet werden. Erst wenn das Tier voll aufgerichtet steht, kann es durch rhythmisches Betätigen des Kompressors in Galopp versetzt werden. Wird dies nicht beachtet, fällt es durch den kräftigen Heckantrieb unweigerlich auf den Rüssel. Aber dies ist nichts Ungewöhnliches; auch ein echtes Schwein kann ohne ausgefahrene Vorderbeine nicht galoppieren.

Vorgesehene lieferbare Bausätze: Modell ‚Bache' (vorliegende Ausführung); Modell ‚Keiler' (ohne seitliche Anschlussstutzen, breite Klauen); Modell ‚Frischling' (wie Bache, nur jünger); Modell ‚Stachelschein' (wie Frischling, jedoch mit Heftpflasterbeigabe).

Verwendetes Material: Der Prototyp ist aus Bauteilen hergestellt, die für völlig andere Zwecke entwickelt wurden. Da herkömmliche fischertechnik-Bausteine nur den Bau plumper Modelle zulassen, sollten, um eine Funktions- und Gestaltoptimierung zu erreichen, dringend folgende Bauteile entwickelt werden: Rüsselscheibe mit 2 Bohrungen; Ohrenhalter; Schnüffelhülse mit Zapfen; Ringelstück; Klauenstein 15; Schwanzadapter; Borstenplatte 15x90; Geruchsdrossel; Verbindungshaxe 60; Bremskolben.

Produktentwicklung und Marktlage: Mit tierischen Themen und mit den neuen Bauteilen könnte fischertechnik (künftig fischerbiotechnik) in ein völlig neues Anwendungsgebiet einsteigen und mit angetriebenen Tiermodellen Tendenzen von Technikfeindlichkeit entgegenwirken. Wichtige Gebilde der Zoologie könnten kindgemäß nachgebaut und studiert werden.

Ich kann, lieber Herr Fischer, nur empfehlen: Packen Sies an, bevor LEGO auf dieselbe Idee kommt und zu Neujahr ein Noppenschwein auf den Markt bringt."

PS 1999: Bedauerlicherweise wurde mein Vorschlag von Herrn Professor Fischer nicht ernst genommen und somit m. E. eine Chance im Sinne der o. g. Prognose für eine erfolgreiche Marktentwicklung vertan.

Für das Jahr 2000 greife ich nun meinen damaligen Vorschlag nochmals auf, Neujahrsbausätze für Glücksschweine zu entwickeln, diesmal jedoch aus Elementen der neuesten Erfindung von Herrn Professor Fischer, „Artur Fischer TiP" aus Maisgrieß: das Artur Fischer TiP-Glücksschwein (unten).

Wie die Abbildung eines Prototyps aus naturfarbenen TiPs zeigt, liegen alle Voraussetzungen für eine erfolgreiche Markteinführung vor, mit einem gegenüber fischertechnik unschlagbaren Vorteil: Wenn das Neujahrsschwein seinen Zweck erfüllt hat, kann man es laut Produktinformation problemlos durch Kompostieren entsorgen, ja sogar aufessen.

Neben der Absicht, mit diesem Prototyp Impulse für den Vertrieb zu geben, übermittle ich durch das TiP-Glücksschwein für das Jahr 2000 die besten Wünsche für das neue Produkt, besonders aber für seinen Erfinder.

Gerhard Ruckwied

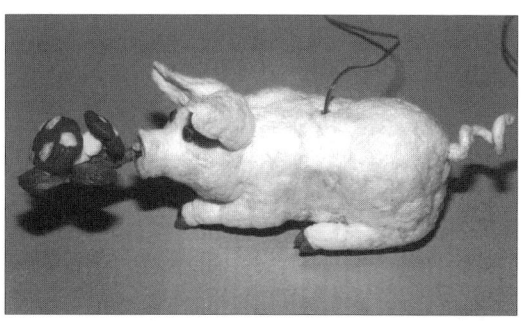

Prototyp II:
das Artur Fischer
TiP-Glücksschwein.

Horst Rückle

Weitblick im Übergang

Wenn man 30 Jahre als Berater, Trainer und Coach mit jährlich etwa 200 Beratungs-, Trainings- und Coachingtagen aktiv ist, begegnen einem viele Menschen in unterschiedlichen Rollen. Manche Begegnungen sind kurz, auf Einmaligkeit angelegt, andere leiten eine langfristige und deshalb immer nützliche Beziehung ein.

Als mich vor fast 20 Jahren der Anruf von Herrn Dr. Zügel, dem damaligen Vorstandsvorsitzenden der Landesgirokasse in Stuttgart, erreichte, dachte ich zunächst an ein Thema, das die Zusammenarbeit zwischen uns und der Landesgirokasse betrifft. Es stellte sich aber schnell heraus, dass Herr Dr. Zügel nicht in seiner Funktion als Vorstandsvorsitzender des Landesgirokasse, sondern in der Rolle eines Beirates der fischerwerke anrief. Wir sollten dem erfolgreichen Erfinderunternehmer Artur Fischer helfen, die Unternehmensnachfolge zu klären und den Übergang des Unternehmens auf seinen Sohn Klaus Fischer zu begleiten.

Im ersten Gespräch mit Artur Fischer erlebte ich einen liebenswürdigen, freundlichen Herrn, dem die Zukunft des Unternehmens und die Wertschätzung seiner Mitarbeiter ein wichtiges Anliegen war. Verständlicherweise wollte er das Unternehmen auch für die Zukunft gesichert, aber – seinem familiären Wertebewusstsein entsprechend – idealerweise in den Händen seines Sohnes Klaus Fischer wissen.

Meine zunächst skeptischen Vorstellungen zu dem bei Herrn Fischer schon weit gereiften Plan, seinen Sohn sofort nach dem Studium ins Unternehmen zu holen, zerstreute er mit seiner Zusage, dem Sohn auch weiterhin beratend zur Verfügung zu stehen. Gerade in diesem Bereich der väterlich begleitenden Beratung jedoch sah ich künftige Probleme und Konflikte. Eine solche Betreuung funktioniert nur, so wusste ich aus Erfahrung in anderen Entwicklungsprozessen, wenn die entsprechende Zurückhaltung und Demut ein zu häufiges, zu heftiges und voreiliges Einschreiten verhindert.

Die ersten Gespräche mit Klaus Fischer ergaben hohe Potentiale im Bereich des strategischen Denkens und der Gestaltung von wertschätzenden Kommunikationsprozessen. Dass diese Ausrichtungen dem Erfinderpapst Artur Fischer zwar angenehm, aber nicht ausreichend erschienen, war verständlich. Er hatte sich einen Erfindernachfolger gewünscht, der, so wie er, das Unternehmen aus eigenen Erfindungen befruchten und weiterführen konnte. Meiner Anmerkung, dass Erfindergabe leider nicht in dem von ihm gewollten Sinne vererbbar sei, begegnete er zunächst mit Skepsis. Erst die umfangreiche Diskussion darüber, das Unternehmensführung nicht zwingend auch die eigene Erfindung der später produzierten Produkte beinhalten müsse, war die Basis für die weitere Arbeit.

Dankbar bin ich heute noch für die in Gründerunternehmerkreisen nicht sehr oft erlebte Bereitschaft, den Generationenwechsel aktiv und für den Nachfolger mit begleitenden Coachingmaßnahmen zu gestalten. Der erreichte Erfolg gibt der Vision von Herrn Artur Fischer Recht.

Inzwischen hat sich der Umsatz des Unternehmens vervierfacht, neue Produkte und ganze Produktsparten kamen hinzu, und Klaus Fischer hat sich in seiner Unternehmerpersönlichkeit so stabil entwickelt, dass er heute die gleiche Anerkennung verdient, die vorher seinem Vater zuteil wurde. Wir haben in der bis heute andauernden und auch für die Zukunft geplanten Zusammenarbeit mit den fischerwerken erlebt, wie schnell Visionen für die Unternehmenszukunft geboren sind, wie schnell der erste Schritt, den Nachfolger ins Unternehmen zu holen, realisiert ist, aber auch, welche zwangsläufigen Problem- und Konfliktbereiche dann entstehen.

Ich weiß, wie schwer es Artur Fischer ursprünglich fiel, sich von seinem Unternehmen zu lösen. Höchste Bewunderung verdiente sein Schritt, schon frühzeitig nahezu das gesamte Unternehmenskapital an den Sohn zu übertragen, um ihn so alleinverantwortlich und handlungsfähig zu machen. Ich hatte den Eindruck, dass Artur Fischer diesen Schritt auch dann nicht bereut hat, als der Sohn eigene Wege ging. Sicher, es gab manches Mal konfliktäre Gespräche, die aber immer – und das ist eine hervorragende Eigenschaft von Artur Fischer – zugunsten des Unternehmens verliefen.

In den manchmal strittigen Gesprächen ließ es der von Artur Fischer aktiv eingeleitete Übergabeprozess zu, dem Sohn die letztendliche Entscheidung zu überlassen. Auch diese bisweilen sicher gegen die eigene Erfahrung sprechende Zurückhaltung von Artur Fischer war eine wichtige Grundlage für die Entwicklung des Unternehmens zum heutigen Erfolg.

Artur Fischer hat für sein Unternehmen mehr getan, als es mit seinem Ideenreichtum zu begründen: Er hat mit seinen Entscheidungen Arbeitsplätze, Entwicklungsmöglichkeiten und die Zukunft für die Mitarbeiter und sein Unternehmen gesichert.

Innovation hat einen Namen

Innovationen haben viele Ursachen. Innovationen haben aber ganz sicher einen Namen: Professor Artur Fischer.

Schon lange bevor ich Forschungs- und Bildungsminister wurde, hatte ich von ihm gehört. Unzählige Patente, immer neue Ideen, der erfolgreiche Aufbau eines Unternehmens – das war das Bild, das ich von Artur Fischer hatte.

Als ich die fischerwerke in Waldachtal besuchte, da begegnete mir ein „junger" Mann, sprudelnd von neuen Ideen, stolz auf sein Lebenswerk und mit großem Interesse für alles, was in unserem Land passierte. Er hatte verstanden, dass Neues nur entsteht, wenn man Mut hat, Neues anzupacken.

Aber nicht nur der Erfinder und Unternehmer hat mich beeindruckt. Professor Fischer war jung geblieben, weil er sich für junge Menschen einsetzt. Bei ihm konnte ich lernen, was zu tun ist, damit junge Menschen Lebenschancen bekommen. Er wollte, dass alle jungen Menschen eine gute Bildung und Ausbildung bekommen, damit sie ihr Leben frei gestalten können.

Als ich Waldachtal verließ, dachte ich: Wenn es nur viele Menschen wie Artur Fischer gäbe! Dann hat Deutschland Zukunft, weil junge Menschen Chancen haben.

Alters-Werk

Von den Freiheiten des Ruhestands und neuen Erfindungen

Kunst-Stoff: der Kreative an der Staffelei.

Noch keine 26 Jahre alt und erst ein Jahr Mitarbeiter der fischerwerke war der Mann, den Artur Fischer am 1. April 1976 zum Technischen Geschäftsführer seines Betriebs bestellte. Allerdings hatte sich der junge Mann diesen außerordentlichen Karriere-Sprung nicht allein mit seinem Ingenieurs-Diplom der Fachhochschule Konstanz verdient und er hatte es auch nicht nur dank seines beträchtlichen Elans geschafft, den der Nachwuchs-Ingenieur während seines ersten Berufsjahrs an den Tag gelegt hatte. Der entscheidende Faktor für die bemerkenswerte Beförderung war die Tatsache, dass Klaus Fischer, der Sohn des Firmengründers, sich bereit gezeigt hatte, die Verantwortung für das Unternehmen zu übernehmen und sich das Lebenswerk des Vaters zur eigenen Lebensaufgabe zu machen.

Also kündigte sich bei den fischerwerken nun der Generationenwechsel an, den der Senior ungeachtet seiner noch sehr munteren Tatkraft zielstrebig einleitete. Die Gesamtleitung des Unternehmens allerdings behielt sich Artur Fischer damals noch vor. Doch stellte er sich im Frühjahr 1976 und mit erst 57 Jahren bereits der Aufgabe, den Sohn als seinen Nachfolger zu etablieren. Vier Jahre später schon wars dann so weit: Artur Fischer räumte den Chefsessel und zog sich ins neuerbaute Entwicklungszentrum des Unternehmens zurück.

„Sie haben es Ihrem Sohn nicht gerade leicht gemacht!", musste Artur Fischer danach noch oft hören. Die Meinungen darüber, wie hoch die Hürden waren, über die Artur Fischer seinen Sohn auf dem Weg zur Nachfolge gezwungen hat, waren – je nach Perspektive – sehr unterschiedlich. Der Seniorchef jedenfalls ist auch Jahre nach dem geglückten Generationenwechsel überzeugt davon, dass es richtig war, dem Sohn die Sache nicht allzu leicht zu machen. „Dass das alles nicht so falsch war, ist doch heute bewiesen", nimmt er die anhaltend glückliche Entwicklung des Weltunternehmens zum Beweis für seine väterliche Strategie.

Keine Frage war es für den temperamentvollen und stets von neuen Ideen und Projekten sprühenden Seniorchef, dass er die neu gewonnenen Freiräume des Ruhestands mit neuer Arbeit und mit verstärktem gesellschaftlichen Engagement füllen würde. Getreu seinem Wahlspruch, nach dem „Taten zählen, nicht schöne Worte", hat Artur Fischer seine Unterstützung für zahlreiche Projekte im sozialen Bereich noch verstärkt. Dabei gilt für ihn die Maxime, kein Aufhebens zu machen von seinem Anteil an den Werken christlicher Brüderlichkeit: „Tue Gutes und rede nicht darüber!"

Und mit derselben Leidenschaft, die ihn bei seinem sozialen Engagament trägt, unterstützt der Erfinder den technologisch-wissenschaftlichen Fortschritt. Vor allem dann, wenn dieser Fortschritt dazu beiträgt, die Ressourcen der Welt zu schonen. Als ein Paradebeispiel dieses Engagements darf die Förderung eines solarzellengetriebenen Flugzeugs („icaré")gelten, das an der Universität Stuttgart entwickelt wurde und die ersten Praxistests glänzend bestanden hat. Wie sehr ihm gerade dieses Projekt am Herzen liegt, erkennt ein jeder, der ihn in seinem Büro besucht. Über dem gediegenen Schreibtisch dreht ein Miniaturflugzeug unermüdlich seine Runden. Und angetrieben wird auch dieses winzige Fluggerät allein von der Kraft der Sonne.

So begeistert Artur Fischer über die Zukunftschancen neuer Technologien diskutiert und mit seinem in Jahrzehnten geschulten technischen Sachverstand spekuliert, so temperamentvoll erzählt er auch von jenem Hobby, das er während der ersten Ruhestandsjahre für sich entdeckt hat. Es ist die Kunst, sich auf der Leinwand in Farben und Formen auszudrücken und in Bildern zu zeigen, was Kopf und Seele bewegt. Wann immer ihm seine nach wie vor sehr umtriebigen Stunden im Büro mit freiem Blick über das weitläufige Unternehmen Zeit lassen, zieht er sich in sein Haus zurück und greift zu Pinsel und Palette. Eines dieser Werke, die bei Artur Fischers malerischer Selbsterkundung entstanden sind, hat einen Ehrenplatz in seinem Büro bekommen. Es zeigt in einer fein abgestuften Farbfläche einen Wirbel von Ziffern und Zahlen, die offensichtlich keinerlei Halt finden in der Formenwelt, die sie umgibt. Damit ist dieses kleine Bild eine klares Abbild von Artur Fischers Denken: Es kommt nicht auf Zahlen, sondern auf Inhalte und Werte an. „Die beste Währung ist und bleibt die Menschlichkeit. In der Not nämlich nützt Geld gar nichts." Der große Reichtum des Menschen ist für ihn, dass er zur Solidarität gegenüber seinesgleichen fähig ist und auch dazu, seine Aufgaben in der Welt mit Herz und Verstand zu bewältigen. Gerade deshalb ist auch sein Glaube an das Positive „unerschütterlich".

Unerschöpflich ist der Einfallsreichtum dieses Menschen, der die Gnade des hohen Alters nicht nur als Geschenk, sondern auch als Auftrag und Verpflichtung empfindet. Und er wird nicht müde dabei, Neues zu ersinnen, damit die Welt ein wenig reicher werde. So hat er vor wenigen Jahren das Kunststück vollbracht, ein auf den ersten Blick vollkommen unscheinbares Material als idealen Rohstoff zur Förderung kindlicher Gestaltungsfreude zu entdecken. Tatsächlich sind diese bunten Maisgrießröllchen, die sich ganz nach kindlicher Herzenslust kleben, schnitzen und bemalen lassen, von Natur aus so geschaffen, dass sie der schöpferischen Phantasie vollkommen freien Lauf lassen. Als „Artur Fischer TiP" sind sie inzwischen auf dem Markt und eine verführerische Herausforderung für die kindliche Phantasie. Und bewiesen hat Artur Fischer auch damit einmal mehr, dass gerade das Einfache das Geniale ist.

Bekräftigt hat der deutsche „Erfinder-König" mit seinem Maisgrieß-Spielzeug auch auf ein Neues, von welcher Art seine Erfinderkunst ein Leben lang war: „Ideen auffischen, festhalten und daraus etwas Sinnvolles machen!" Und dass Erfinden für ihn stets „Herzenssache" war, versteht sich bei einem Menschen wie diesem Artur Fischer eigentlich von selbst. „Nur dann ist eine Erfindung eine nützliche Erfindung, wenn sie dem Menschen dient". Das war und ist bis heute der Leitsatz all seiner Anstrengungen und Arbeit.

Hermann Schröer

Kein Umgang mit der Maus

Für mich war Artur Fischer einer der interessantesten selbstgewählten Arbeitsaufträge als Fernsehjournalist. Die Arbeitstage mit dem „patenten Tüftler" (so der Filmtitel) gestalteten sich spannend und abwechslungsreich.

Was für eine Überraschung, dass der 78-Jährige noch rot wurde, als er von seinem ersten weiblichen Lehrling erinnert wurde, wie er sich bei einer Betriebsfeier darum gedrückt hatte, den Schüttelvers „Fischers Fritz fischt frische Fische" aufzusagen. Stattdessen konterte er: „Fischers Artur fängt Heringe." Auch der Versuch vor der Kamera gelang nur fehlerhaft und machte den erfolgsgewohnten Erfinder verlegen, eben menschlich, sympathisch.

In besten kreativen Zeiten hat Artur Fischer fast wöchentlich eine Erfindung angemeldet. Und genauso oft musste er auf dem Markt Nachahmerprodukte mit Fantasienamen beklagen. Er strafte sie mit juristischen Schritten und durch Missachtung. „Diese Trittbrettfahrer, üble Gesellen, die geistiges Eigentum anderer benutzen, um sich zu bereichern! Das ist unfair, das ist Diebstahl. Diese Leute sind mir nicht sympathisch", sagte er, ein wenig hilflos gegenüber so viel kriminellem Erfindergeist.

Aus Angst davor, dass es im Ruhestand langweilig würde, griff er zu Farbe und Pinsel. Natürlich nicht ohne sich gründlich in Kursen vorzubereiten. Heute findet er das Malen so schön wie das Erfinden. „Am Anfang weiß man nicht, was herauskommt. Man zweifelt, das wird nicht. Dass man kämpft, dass es am Ende etwas wird, das ist super, das ist toll.

Es ist ein hohes Lebensgefühl, das damit verbunden ist. Wenn einer sagt, so schlecht ist das nicht, was du da gemalt hast, dann ist das eine ungeheure Bereicherung für das Leben eines etwas älteren Menschen." Das sagt ein Mann, der auch mit 80 Jahren noch täglich in „seinen Betrieb" geht, dem es noch immer Spaß macht, etwas zu tun zu haben.

Doch mit Computern, das mussten wir erfahren, konnte er sich nicht mehr anfreunden. Zwar wurde der Betrieb schon früh mit Elektronik ausgestattet und sein „Lieblingskind" fischertechnik bietet Computerprogramme, doch selbst wollte er den Umgang mit der „Maus" nicht mehr erlernen. „Wenn es mir Spaß machen würde, würd' ichs noch erlernen. Ich hab' aber keinen Spaß an dem Ding." Und das liegt vielleicht daran, dass der fischerdübel, den das Deutsche Museum im Internet präsentiert, nur nach Programm funktioniert und nicht wie es sein Erfinder gerne hätte.

Lothar Späth

Gnadenlos vermarktet

Da fiebert jetzt alle Welt der Jahrtausendwende entgegen und freut sich aufs so genannte Millennium. Warum diese Aufregung? Nur, weil der Kalender auf eine Zahl schnappt, die drei Nullen zeigt? Also für mich kein Grund zur übertriebenen Feierlichkeit.

Der Silvestertag 1999 aber, das ist ein besonderes Ereignis privater Art für jemand, den ich in hohem Maße schätze. Ganz wenigen Zeitgenossen nämlich ist es so wie ihm gelungen, den allerwichtigsten Rohstoff, der uns Menschen des zwanzigsten Jahrhunderts noch verblieben ist, in so beeindruckender Weise nutzbar zu machen. Ich meine den Rohstoff Grips, den sprichwörtlichen Erfindergeist, den so viele gerne hätten, und den so verschwindend wenige tatsächlich auch haben.

In meinem politischen Leben hatte ich mehrfach die Gelegenheit, mit ihm zusammenzutreffen. Als Ministerpräsident des Landes, das ganz besonders auf Innovation, auf High-Tech setzte und dabei den Ehrgeiz entwickelte, stets voraus zu marschieren, um sozusagen im Kreis der Bundesländer die Spitze des Fortschritts zu markieren.

Nein, das geht nicht nur mit hehren Worten! Dazu bedarf es treffender Beispiele und bekannter Symbole der Innovation. Man braucht dazu Erfinder, leuchtende Unternehmerpersönlichkeiten und – so man sie überhaupt noch vorweisen kann – lebende Zeitgenossen, die mit ihrem innovativen Geist den sprichwörtlichen Fortschritt verkörpern.

Historisch gesehen ist das für uns Baden-Württemberger kein Problem: Der Robert Bosch, der Gottlieb Daimler, der Carl Benz, die drei lassen sich prima als Image-Träger für ein Fortschrittsland einspannen, genau so

108

wie der Wilhelm Maybach oder der Graf Zeppelin. Und zugegeben: Andere Länder haben auch ihre Gründerväter technischer Innovation.

Wir aber, und darauf bin ich heute noch stolz, wir Baden-Württemberger, wir haben einen unter uns, der mit Fug und Recht in diese Reihe der großen Erfinder passt, wie kaum ein Zweiter. Warum? Weil er sozusagen sein eigenes Wirtschaftswunder verkörpert, und zwar auf der Basis von alltäglichen und weniger alltäglichen Produkten, die er selbst ausgetüftelt, ersonnen, gebaut und vermarktet hat.

Einer, der schon morgens zwischen Rasierspiegel und Frühstückstisch die erste Neuigkeit skizziert und, kurz bevor er abends das Licht löscht, schnell noch einen Einfall notiert. Und bestimmt wacht er am nächsten Morgen auf mit dem nächsten technischen Kniff fertig im Kopf. Zugegeben, da übertreibe ich etwas. Und man darf auch nicht die große Mühe außer Acht lassen, der es bedarf, um etwas Neues von der ersten Idee zum fertigen, marktfähigen Produkt reifen zu lassen.

Aber wie anders kann jemand wie er, zusammen mit gescheiten Mitarbeitern natürlich, auf sage und schreibe fast 6 000 Patente kommen? Ich stell' mir das Erfinden halt so vor, weil es mich schon immer fasziniert

Unternehmer und Politiker: Lothar Späth überreicht Artur Fischer im Jahre 1980 die Verdienstmedaille des Landes Baden-Württemberg.

hat, und weil ich – ein heimlicher Wunsch aus Kindertagen – auch gerne ein Erfinder geworden wäre. Und noch was gebe ich heute unumwunden zu: Ohne jegliche Skrupel habe ich ihn bei vielen passenden und auch zuweilen unpassenden Gelegenheiten vermarktet.

Unser lebendes Paradebeispiel für baden-württembergischen Erfindergeist, unser Symbol für das sprichwörtliche „Gewusst wie". Ja, fortwährend und regelmäßig musste er mir herhalten, als leuchtendes Beispiel zum Ruhm des Landes – ob es ihm recht war oder nicht. Weil er aber seine Schwarzwälder Heimat mit ihren liebenswerten Menschen genau so schätzt wie derjenige, der ihn zumeist ohne sein Wissen so gnadenlos vermarktet hat, so hoffe ich heute, dass er es mir verzeiht, ihn weltweit und fortwährend so unverschämt als Fortschritts-Symbol für unser Land in Anspruch genommen zu haben.

Daniel Titera

Prager Geschichten

1969 traf ich Artur Fischer zum ersten Mal. Es war auf der Spielwarenmesse in Nürnberg, die ich als Mitarbeiter der tschechischen „Arbeitsgemeinschaft Spielzeug" besuchte. Mich beeindruckte besonders das
fischertechnik-System, dessen umfangreiche Möglichkeiten mir von
Artur Fischer persönlich demonstriert wurden.

Dieser erste und beeindruckende Kontakt riss nie mehr ab. So wurde
ich über all die Jahre informiert, bekam immer die neuesten Unterlagen
sowie Materialien und konnte meine publizistischen Aktivitäten entsprechend ausbauen. Außerdem diente mir das Material für Seminare vor
Pädagogen und für eine Ausstellung im Jugendprogramm.

Einer der Höhepunkte war 1988 ein 24-stündiger „Blitzbesuch" von
Artur Fischer in Prag. Anlass war eine vom Ministerium für Technische
Entwicklung veranstaltete Sonderausstellung mit dem Ziel, die Kreativität
und technische Bildung der Jugend zu vertiefen. Darüber informierte ich
Fischer, und es kam zu einer Beteiligung von fischertechnik über den
Schulbuchverlag Cornelsen. Mir oblag es, die zahlreichen Unterlagen in
tschechischer Sprache vorzubereiten. Der Schwerpunkt lag beim Com-
puting-System, aber auch die übrigen Baukästen und vor allem die Simu-
lationsmodelle boten eine interessante technische Herausforderung für
die Besucher.

Artur Fischers Aufenthalt vollzog sich im Eiltempo: Ausstellungsbe-
such, Essen im Presseclub, kurze Stadtbesichtigung mit Altstadt und
Karlsbrücke, fischertechnik-Seminar und Pressekonferenz. Und trotzdem
Erfolg auf der ganzen Linie: Über 200 Technik-Studenten, Pädagogen

und Journalisten absolvierten das Seminar, und die Pressekonferenz dauerte wegen der vielen Fragen zwei Stunden, wobei der Presse eine Geschenkpackung für eigene Tests überreicht wurde.

Ich war während der ganzen Zeit immer in Artur Fischers Nähe, denn die Veranstaltungen wurden in tschechischer Sprache geführt und alle Aussagen von Fischer mussten übersetzt werden. Zum guten Schluss musste auch noch das Mittagessen gestrichen werden, um das Flugzeug für die Heimreise zu erreichen.

Später hatten meine Frau und ich dann das Glück und das Vergnügen, die fischerwerke in Tumlingen zu besuchen. Alles hat bei uns einen außergewöhnlich tiefen Eindruck hinterlassen. Wir haben das Privatmuseum Fischers gesehen und konnten einen Mann näher kennen lernen, der in seiner Bescheidenheit nicht vergisst zu erwähnen, dass sein Erfolg ohne seine zuverlässigen Mitarbeiter nicht möglich gewesen wäre. Nach 40-jähriger Isolation im Ostblock haben wir einen Betrieb gesehen, der zusammen mit seinem Gründer eine weltweite Publizität erreicht hat.

Dieser Besuch war für uns ein großes Erlebnis, das immer in unseren Gedanken und Herzen lebendig bleiben wird.

Und auch ein Zitat Artur Fischers wird uns unvergessen bleiben: „Das größte Erlebnis eines Menschen liegt in der Geborgenheit seines Schöpfers."

Grenzenloses Spielvergnügen: eine Zeichnung von Daniel Titera.

Der Menschen-Fischer

Schopfloch, Hotel Am Rödelsberg, 22. November 1969: „Warum fangen Sie eigentlich nicht bei mir an?" Ich weiß es nicht mehr genau, ob es der Waldulmer Spätburgunder oder der Charme des Fragestellers Artur Fischer war – vermutlich beides –, auf jeden Fall war ich angesichts dieser Frage nicht überrascht. Vielleicht hatte ich es auch erwartet, denn zu diesem Zeitpunkt hatte ich bereits für das Unternehmen als freier Mitarbeiter einen Schulprospekt und etliche Schüler-Arbeitskarten für fischertechnik gestaltet. Und Artur Fischers angenehme Art im Umgang mit Mitarbeitern, der Humor, der die meisten Gespräche begleitete, und die menschliche Grundeinstellung hatten mich schon lange fasziniert.

Aber jetzt stand ich vor der Entscheidung und erbat eine Woche Bedenkzeit. Drei Tage war Ruhe, dann meldete sich Artur Fischer ungeduldig am Telefon und machte meiner Frau und mir das Landleben schmackhaft. Von da an hieß es nur noch Augen zu und durch. Am 23. März 1970 zogen wir mit unserer drei Wochen alten Tochter in Tumlingen in eine Interimswohnung, da die Werkswohnung noch im Bau war.

Erinnerung mag manches verklären, doch bezogen auf Tumlingen ist das gar nicht nötig: Das Zusammenleben war auch im objektiven Rückblick äußerst angenehm. Besonders die Integration in die Dorfgemeinschaft verlief reibungslos und der Kontakt zu den Kollegen war in vielen Fällen freundschaftlich. Man konnte jeden jederzeit besuchen, und man hockte zusammen, wenn es einem entsprechend zumute war. Und da heißt es immer, die Schwaben seien Zugereisten gegenüber zugeknöpft.

Apropos Schwaben: Das eigene „Häusle" ist für sie das höchste Glück auf Erden. Auch Artur Fischer sah das so und begann schon bald nach meinem Eintritt in die Firma mit der „Weichklopf-Masche". Er schilderte mir das Eigenheim-Leben in den schönsten Farben. Ich solle auf jeden Fall erst einmal ein Grundstück kaufen. Ich sehe mich noch heute mit ihm die Dorfumgebung abfahren. Schließlich war alles unter Dach und Fach und ich lehnte mich mit dem Gedanken zurück, nun hast du erst mal Ruhe. Weit gefehlt! Nun kam der Nachschlag: Er prophezeite schlimmste Preissteigerungen in der Baubranche und drängte, endlich mit dem Bau zu beginnen. Es war ein absoluter Gewaltakt – und ohne Hilfe der Firma undenkbar –, für den ich aber noch heute sehr dankbar bin. Denn Artur Fischer sollte – wie in so vielen Dingen – Recht behalten: Die Baupreise gingen heftig nach oben, und als ich das Haus nach meinem Schritt in die Selbständigkeit verkaufte, wies das Bankkonto endlich mal wieder ein erhebliches Plus aus.

Das Gewinnen von Menschen ist ein Talent von Artur Fischer – er ist ein „Menschen-Fischer". Damit hängen Gaben zusammen wie das Vermitteln von Motivation, das Übertragen von Begeisterung, das Fokussieren auf Ideen.

Der Mensch, Erfinder und Unternehmer Artur Fischer – die Reihenfolge ist bewusst gewählt – überzeugt: leise, aber umso intensiver. Und man muss schon verdammt gute Argumente haben, um dagegen anzukommen. Meinen Abschied aus der Firma jedenfalls – es war übrigens der dritte Versuch – konnte ich erst mit Hinweis auf meine geplante Selbständigkeit durchsetzen. Sein Kommentar: „Dagegen lässt sich nichts sagen, das habe ich schließlich auch mal gemacht!"

Thomas Vogel

Eine Sache des Herzens

Vogel: Sie hatten oder haben eine ausgeprägte Abneigung gegen Regen-
schirme ...

Fischer: Ja, das stimmt. Ich habe Schlosser gelernt in Stuttgart, und an
einem Regentag hat mich der Meister losgeschickt mit einem Werkzeugkasten. Die Meisterin gab mir – aus Fürsorge für den Bub – einen
Schirm mit. Als ich zurückkam, sagte der Meister: „Hol mal deinen
Schirm!" Dann rief er die anderen Mitarbeiter: „Schaut mal her! So sieht
ein Schlosser-Stift aus mit einem Schirm!"
Es war einfach für einen Schlosser-Stift verpönt, mit einem Regen-
schirm und dem Werkzeug-Kasten in der Hand rumzulaufen. Seitdem ist
mir jeder Schirm suspekt. Und wenn ich klatschnass werde, ich würde
keinen Schirm mitnehmen! Das war auch eine Form der Erziehung: Man
hat sich standesgemäß zu benehmen. Und ein Schlosser läuft nicht mit
einem Schirm auf der Straße rum.

Vogel: Sie sind mit fast 5 800 Schutzrechten einer der erfolgreichsten
Erfinder. Immer wieder haben Sie die Patent-Politik in unserem Land kritisiert. Es ist ja auch sehr teuer, ein Patent anzumelden – zumal für einen
jungen Tüftler.

Fischer: Man müsste sagen: Eine Idee, die man anmeldet, kostet nicht
mehr als 500 Mark, plus 100 Mark Sondergebühr für die Recherche, und
dafür kann man dann sein geistiges Eigentum beim Patentamt hinterle-
gen. Aber auch von den Erfindern wird vieles falsch gemacht, weil ganz
grundlegende Informationen fehlen. Ich erhalte viele Briefe und Anrufe,
in denen ich gefragt werde: „Ich hab' was erfunden, und wie mach' ich

115

das jetzt? Ein Patent kostet ja 3000 Mark!" Dann antworte ich: „Gehen Sie zum Patentamt" – denn für mich ist das immer Heimat gewesen und ist es immer noch –, „die werden Ihnen auf jeden Fall weiterhelfen." „Aber bleibt das dann auch noch geheim?", wird dann oft gefragt. Etwas Geheimeres als das Patentamt gibts nicht." Das ist etwas ganz Wichtiges, das jeder wissen muss, der was Neues erfindet.

Vogel: Ältere Menschen setzen sich meist nicht mehr so gerne mit Neuem auseinander oder sind froh, mal etwas weniger tun zu können. Wie ist das bei Ihnen?

Fischer: Das Problem bei mir war, dass ich zu oft gesagt habe: „Jetzt mach' ich nichts mehr." Zum Beispiel, als mein Sohn den Betrieb übernommen hat. Wenn also die Meineide, die ich da geschworen habe, alle beim lieben Gott ankommen sind, werde ich nicht in den Himmel kommen. Da bin ich ganz sicher.

Ich habe mir immer wieder vorgenommen, weniger zu tun, aber das geht nicht. Denn damit verlier' ich mich selber. Wenn ein neuer Gedanke kommt, warum soll ich den nicht verwirklichen? Vor allem, wenn er sinnvoll ist. Und ich bin schon der Meinung, meine Gedanken sind sinnvoll. Auch wenn mein Sohn das nicht immer glaubt und andere vielleicht auch nicht. Aber solange diese Maschine im Kopf läuft, muss man sie einfach im Schwung halten.

Vogel: Das Erfinden ist wirklich eine Kunst, man braucht eine Menge Verstand dazu. Sie sagen aber auch immer wieder „Erfinden ist eine Sache des Herzens".

Fischer: Sie können ein Kind nur aufziehen, wenn Sie dieses Kind lieben. Und das Kind spürt das auch. Genauso ist es bei einem Produkt. Sie sehen einem Produkt an, ob es oberflächlich und schlampig gemacht ist, oder ob sie mit diesem Produkt und auch mit dieser Idee verbunden sind.

Wenn ich in die Firma komme und ich rieche das Öl von den Maschinen, dann ist das für mich Heimat. Das sind, glaube ich, äußerliche Voraussetzungen, die notwendig sind, um einen zu inspirieren. Aber im Hintergrund steht natürlich der Wille. Der Wunsch, etwas durchzusetzen, und der Sache, die ich jetzt für richtig halte, solange zu arbeiten, bis sie gut ist.

Vogel: Womit haben Sie gespielt als Kind?

Fischer: Mit acht oder neun Jahren habe ich mir ein Wasserrad gebastelt, und meine Mutter hat mir geholfen, es am Bach zu befestigen. Sie hat mich festgehalten, damit ich nicht in den Bach gefallen bin. Das war eine sehr wichtige Erfahrung für mich – die Freiheit, ausprobieren zu können, und zugleich das Gefühl der Sicherheit zu haben, das Gefühl, festgehalten zu werden.

Vogel: Und zu Weihnachten gabs auch mal einen Märklin-Baukasten ...

Fischer: Für 4 Mark 95! Ich habe mir den Baukasten sehr gewünscht. Aber meine Mutter sagte: „Weißt du, was der kostet? 4 Mark 95. Soviel Geld haben wir nicht. Der Vater bekommt für einen Anzug, den er macht, 18 Mark. Und du willst einen Baukasten für 4 Mark 95?" Und stellen Sie sich vor, ich hab' den Baukasten bekommen.

Vogel: Wie halten Sie es mit dem Loben? Das ist ja so eine schwäbische Tugend, überschwenglich zu loben.

Fischer: Ich hatte eine sehr gläubige Mutter, eine sehr streng erzogene und auch sehr streng erziehende Mutter, die lobte auf ihre Weise mit „Es ist recht." oder einfach mit „Ja". Von meinem Vater kam erst recht keine Rückmeldung. Wenn die Leute sagten: „Bei Ihrem Sohn, da gehts ja richtig vorwärts!", dann meinte er: „Das ganze Geld hat er von mir, der kann leicht schaffen." Er hat mir niemals gesagt: „Es ist gut" oder „Das ist in Ordnung", sondern: „Jetzt hast du wieder gebaut. Das kostet einen Haufen Geld. Kannst du das auch bezahlen?"

So habe ich das erlebt, und wahrscheinlich habe ich bei meinem Sohn auch ein bisschen mit dem Loben gespart.

In einem Theaterstück der „Mäulesmühle" formulierte ein alter Herr das einmal so: „Die Leute sagen immer, wir Schwaben seien geizig. Wir sind überhaupt nicht geizig. Wir leben bloß vom ‚Nicht-Ausgeben'."

Thomas Vogel

Hans-Jürgen Warnecke

Ansteckende Begeisterung

Ich erinnere mich nicht mehr, wann meine erste Begegnung mit Artur Fischer war, vermutlich Ende der 70er-, Anfang der 80er-Jahre im Zusammenhang mit Veranstaltungen und Aktivitäten der Universität Stuttgart und/oder des von mir geleiteten Fraunhofer-Instituts für Produktionstechnik und Automatisierung (IPA). Ich erinnere mich aber, dass wir sehr schnell Freunde wurden – er der Praktiker, Erfinder und Unternehmer, ich der wissenschaftlich orientierte Ingenieur, bei dem aber die Umsetzung und Anwendung wissenschaftlicher Erkenntnisse immer im Vordergrund stand und steht. Wir sendeten und empfingen sozusagen auf gleichen Wellenlängen. Es gab dann seit der Zeit bis heute etliche Gespräche, teilweise verabredeten wir beide uns eigens zu einem Gespräch am Abend.

Für mich war es immer wieder faszinierend, mit welcher Begeisterung und doch auch Realitätssinn Artur Fischer seine Gedanken, seine Produktideen und seine Prototypen verfolgte und vorantrieb.

Eines Jahres kam er einige Tage vor Weihnachten zu uns ins Haus und baute eine von ihm entwickelte und produzierte Spielzeugeisenbahn auf. Er schenkte sie meinen beiden Kindern – Mädchen – und spielte mit ihnen einige Stunden mit wachsender Begeisterung.

Seine Begeisterung für die Baukästen steckte auch mich an, so dass ich in einem Forschungsprojekt das Modell eines flexiblen Fertigungssystems und seiner Steuerung mittels fischer-Baukasten realisierte. Meine Mitarbeiter hatten allerdings Probleme, das Fertigungssystem am Laufen zu halten, denn es hatte Störanfälligkeiten, mehr als man im richtigen Leben

118

akzeptieren konnte. Computer und Simulation spiegeln dagegen heute störungsfreie Abläufe vor, es sei denn, man baut Störfälle bewusst ein. Damals konnte man innerhalb Deutschlands bei der Lufthansa noch Erster Klasse fliegen. Herr Fischer gönnte sich das, ich kam durch „Upgrading" dazu und so saßen wir nebeneinander. Während des gesamten Fluges erörterten wir die Frage, wie man ein Loch in die Wand bohren kann, dessen Durchmesser nach innen größer wird, denn dies würde natürlich die Haltbarkeit eines Dübels enorm steigern. Herr Fischer hatte eine Idee und versuchte, sie mir verständlich zu machen, denn es erschien als ein aussichtsloses Unterfangen. Aber es funktioniert!

Noch nicht allzu lange ist es her, dass wir uns in München trafen, denn Artur Fischer besuchte dort einen Malkurs. Das war nur einmal mehr Ausdruck seiner vielseitigen Interessen und Begabungen. Das besonders Interessante an diesem Abend war aber, dass er Spielzeugelemente entwickelt hatte, die aus einem essbaren Material bestehen. Er dachte darüber nach, ob man dann nicht auch konsequenterweise die Verpackung essbar gestalten müsste.

Ich könnte noch einige weitere Begebenheiten ergänzen. Immer waren es jedenfalls bereichernde Begegnungen. Ich hoffe, dass sich das auch in Zukunft fortsetzt.

Gottfried Wiedmann

Mit Perücke und Frack

Es war nach der Weihnachtsfeier 1965, als noch zahlreiche Mitarbeiter in einem Stehkonvent den erfolgreichen Jahresabschluss feierten. Artur Fischer hatte seine Späßchen mit mir, der ich damals als Verkaufsleiter bei den fischerwerken tätig war.

Und da kam es plötzlich zum „Eklat". Denn ich hatte schon seit meinem Eintritt in die Firma nur noch einen Kranz mit relativ kurzen Haaren, und da sagte doch Artur Fischer zu mir: „Wenn Sie im neuen Jahr weiterhin so verstrubbelt in die Firma kommen, werden Sie entlassen!"

Diese spaßige Drohung griff ich sofort auf und reagierte mit der Ankündigung „Herr Fischer, ich verspreche Ihnen, am 2. Januar 1966 komme ich frisch onduliert aus den Weihnachtsferien!" Artur Fischer konterte mit der Gegenwette: „Dann empfange ich Sie morgens um 7.15 Uhr im Frack."

Es kam der 2. Januar. Ich hatte mir eine Perücke besorgt, denn ich wollte die Ankündigung wahr machen. Mit viel Mühe fixierte ich das ungewohnte Haarteil, denn draußen stürmte und schneite es fürchterlich. Der Hut passte natürlich nicht mehr und so blieb eigentlich nur ein schützender Schirm übrig. Das Probieren und Überlegen führte dazu, dass die Zeit drängte.

Als ich in die Empfangshalle des Bürogebäudes kam, traute ich meinen Augen nicht: Saß da doch tatsächlich Artur Fischer im eleganten Frack im Foyer! Die zur Arbeit eilenden Mitarbeiter waren bass erstaunt, dass sie am 2. Januar pünktlich um 7.15 Uhr den Chef in der Vorhalle antrafen. Sollten das neue Methoden der Mitarbeiter-Pünktlichkeits-Kontrolle

120

sein? Aber warum diese elegante Kleidung? Wird eine neue Führungspersönlichkeit eingestellt?

Keiner der Mitarbeiter erkannte mich – außer Artur Fischer, der es sich nicht hatte nehmen lassen, sich auf die Wette vorzubereiten. Sofort gab es natürlich Gerüchte über einen „Neuen", die sich dann in Lachen und Beifall auflösten, als Artur Fischer und ich durch den Betrieb zogen und den Mitarbeitern ein gutes neues Jahr wünschten.

Gottfried Wiedmann

Walther Zügel

Den Kindern gewidmet

Artur Fischer ist 80, und wir sollen ihm gratulieren. Dabei müssten wir uns gratulieren, dass es Artur Fischer gibt – so gibt, wie wir ihn kennen: diesen wachen, unruhigen, erfindungsreichen, liebenswerten, bescheidenen Mann, der nicht nur der Jugend Vorbild ist, sondern der zeigt, dass man es auch in unserer Zeit durch Fleiß, durch Erfindungsreichtum, durch Beharrlichkeit und Sparsamkeit zu einer außergewöhnlichen Lebensleistung bringen kann.

Ich selbst begleite Artur Fischer seit vielen Jahren in dem von ihm selbst eingerichteten Beirat und wundere mich, dass er in diesen über 25 Jahren unserer Bekanntschaft eigentlich stets derselbe geblieben ist. Gut, vielleicht ist er äußerlich nicht mehr 60, aber in seinem Geist, seiner Neugierde und in seinem Vorwärtsdrängen ist er stets der Gleiche geblieben.

Es zeigt sich: Alter ist nicht eine Frage der Jahre, sondern bedeutet unermüdlichen Fleiß und lebenslanges Lernen. Professor Fischer hat sich nie zur Ruhe gesetzt. Er hat schon vor über 20 Jahren sein Unternehmen in die Hände seines Sohnes Klaus gelegt, der es mit Umsicht und großem Erfolg weiter ausgebaut hat.

Artur Fischer wusste wohl, dass er damit nicht mehr in das Unternehmensgeschehen eingreifen konnte; er hat sich dann – gerade in den letzten Jahren – neben seiner Entwicklungsarbeit, die er auch weiterhin für die fischerwerke vornahm, den Kindern und Jugendlichen gewidmet, wie er das auch schon vor 35 Jahren mit der Entwicklung der fischertechnik tat. Er hat ein Spielzeug – „Artur Fischer TiP" – aus einem ökologisch einwandfreien Abfallprodukt des Maises entwickelt, das der Phantasie der Kinder freien Lauf lässt.

Professor Fischer hat immer sein Tun dahin gerichtet, den Kindern und Jugendlichen eine Fülle von Anregungen zu geben, ihre Phantasie frühzeitig zu entfalten. Er weiß, dass das Fernsehen und die heutigen Spielzeuge häufig dazu führen, dass diese große Begabung der Kinder verkümmert; und er sieht in den Begabungen der Kinder die Möglichkeit, vielen Menschen eine Entwicklung zu geben, die den Durchschnitt sprengt.

Professor Fischer – ein Erfinder, der in die Erfindergalerie des Deutschen Patentamtes aufgenommen wurde – ist darüber hinaus ein Mann, der aus ganz persönlichem Antrieb eine Fülle an Gutem tut. Er ist bei persönlicher Bescheidenheit ein großzügiger Förderer von sozialen und wissenschaftlichen Einrichtungen. Er hat seinem Heimattal und darüber hinaus vielen Menschen zu Wohlstand und gesicherten Lebensverhältnissen verholfen. Er tut Gutes und redet nicht darüber.

Professor Fischer hat sich Ruf und Ansehen in seinem Heimatland Baden-Württemberg und in ganz Deutschland erworben. Sein Herz gehört der Jugend. Die Jugend hört ihm zu und lässt sich durch seinen ganz persönlichen Lebensweg ermutigen.

Walther Zügel

123

Lebensstationen

1919 Am 31. Dezember wird Artur Fischer in Tumlingen geboren
1948 Gründung der eigenen Firma
1949 Erfindung eines Blitzlichtgerätes für Fotoapparate mit synchroner Auslösung
1958 Patent für Spreizdübel (fischerdübel S)
1963 Entwicklung einer Mehrfachblitzlampe auf einem gemeinsamen Sockel als Vorbild für den Cube-Blitzer
1964 Patent für fischertechnik-Baustein
1970 Entwicklung mehrerer Dübel zur Fixierung von Knochenbrüchen
1980 Übergabe der Geschäftsführung an Sohn Klaus und Umzug in das neuerbaute Forschungs- und Entwicklungszentrum
Patent für Zykon-Hinterschnittbohrvorrichtung
1984 Patent für Universal-Dübel FU
1987 Entwicklung des ersten uneingeschränkt zugzonentauglichen Bolzenankers der Welt
1990 Europa-Patent für Zykon-Bohrer
1998 Entwicklung des Maisgrieß-Spielzeugs „Artur Fischer TiP"

Ehrungen

1967 Bundesverdienstkreuz am Bande
1969 Verleihung des Ehrenbürgerrechts durch die Heimatgemeinde Tumlingen
1976 Dr. phil. h. c. der Universität Gießen
Ehrenbürger der Gesamtgemeinde Waldachtal

124

1977   Bundesverdienstkreuz I. Klasse
        Ehrensenator der Universität Stuttgart
1980   Verdienstmedaille des Landes Baden-Württemberg
1982   Bürgermedaille der Gesamtgemeinde Waldachtal
1984   Aufnahme in die Erfinder-Galerie des Deutschen Patentamtes
1986   Auszeichnung mit dem Titel Professor durch das
        Land Baden-Württemberg
        Oskar-von-Miller-Medaille in Gold
        Diesel-Medaille in Gold
1991   Werner-von-Siemens-Ring
        Großes Bundesverdienstkreuz des
        Verdienstordens der Bundesrepublik
        Deutschland
1992   Ehrenmitglied des Deutschen Museums
1994   Dr.-Ing. E. h. der Universität Stuttgart

Auch eine „Ehrung":
Im März 1994
bescheinigte Quoten-
könig Thomas Gott-
schalk dem Erfinder-
könig Artur Fischer,
er sei „die Wurzel
allen Dübelns".

Jörg Beirer: Kabarettist und Komiker. „Besuch der üblichen Schulen, Studium der Sportwissenschaften, Abschluss mit Diplom, Note unwichtig, verheiratet seit 10. 9. 99." Aktuelles Programm: „Der kleine, grüne Kaktus". Lebt in Ammerbuch bei Tübingen.

Ulrich Blumenschein: Lokalreporter in Berlin, Redakteur beim SPIEGEL, Ressortleiter Wissenschaft und Technik beim STERN, Chefredaktion BUNTE, Redaktionsdirektor bei Burda. Heute freier Journalist und Buchautor. Lebt in Renchen.

Prof. Dr. Walter Breunig: Nach Lehrtätigkeit an Grund- und Hauptschulen und Leitung einer Schulpsychologischen Beratungsstelle Professor für Psychologie an der PH Heidelberg. Schwerpunkte in Lehre und Forschung: Entwicklungsdiagnostik, Wahrnehmungsgenese, Technisches Problemlösen.

Fritz Eckenga: Autor, „Darsteller komischer Hauptrollen" und „Musikersimulant" mit Wohnsitz in Köln. Arbeitet regelmäßig für die taz (Wahrheitsseite), für den WDR („Baumarktprofi-Kommentar") und den SWR (Bundesligakolumne „Mein Freund ist aus Leder").

Prof. Dr.-Ing. Rolf Eligehausen: Seit 1984 Professor für Befestigungstechnik an der Universität Stuttgart. Mitglied zahlreicher internationaler Sachverständigenausschüsse und Kommissionen. Autor und Mitautor von rund 150 Aufsätzen zum Stahlbetonbau und zur Befestigungstechnik.

Helmut Engisch: Redakteur bei Südwest Presse und Stuttgarter Nachrichten. Heute freier Journalist und Autor zahlreicher Bücher (u. a. „Die Fischers – eine schwäbische Dübel-Dynastie" und „Der schwäbische Büffelkönig und die Löwenmadam"). Lebt in Stuttgart.

Prof. Dr. Wolf Peter Fehlhammer: Lehrtätigkeit an den Universitäten Erlangen-Nürnberg, Berlin, München. Seit 1993 Generaldirektor des Deutschen Museums in München. Mehr als 150 Veröffentlichungen in internationalen wissenschaftlichen Zeitschriften. Ausgezeichnet u. a. mit dem Carl-Duisberg-Preis (1981) und dem Primo Rovis für die Verbreitung der wissenschaftlichen Kultur (1998).

Hermann Fünfgeld: Von 1965 bis 1973 Verwaltungsdirektor und stellvertretender Intendant des Saarländischen Rundfunks, anschließend Verwaltungsdirektor und Geschäftsführer des SDR in Stuttgart. 1984 Berufung zum stellvertretenden Intendant, 1990 bis 1998 Intendant des Süddeutschen Rundfunks.

Julia Giertz: Studium der Politikwissenschaften, Germanistik und Journalistik. Wirtschaftsredakteurin bei der Deutschen Presse-Agentur (dpa) in Stuttgart und dort seit Oktober 1998 Landespolitische Redakteurin.

Prof. Dr.-Ing. Dr.-Ing. E.h. Jürgen Gieseke: Nach wissenschaftlicher Laufbahn an der Uni Stuttgart leitende Funktion bei der Münchener Planungsfirma Dorsch Consult. Seit 1971 Direktor des Instituts für Wasserbau an der Universität Stuttgart. Von 1990 bis 92 Rektor der Uni Stuttgart. Rund 170 Veröffentlichungen.

Jutta Granier: Journalistin und ehemalige Leiterin der Abteilung „Industriekontakte" bei der Deutschen Welle (DW) in Köln.

Dipl.-Ing. Norbert Haugg: Nach mehreren beruflichen Stationen am Deutschen Patentamt, im Bundesministerium der Justiz und am Bundespatentgericht (u. a. als Vorsitzender Richter und als Vizepräsident) seit August 1995 Präsident des Deutschen Patentamts in München. Hat u. a. am Aufbau eines Patentsystems in der Volksrepublik China mitgewirkt.

Erich Heimann: Freier Journalist mit Spezialgebieten Chemie, Technik, Do it yourself und Architektur. Vielseitiger Buchautor (Deutscher Jugendbuchpreis 1968), Übersetzer und PR-Berater. Pressebüro in Düsseldorf.

Prof. Dr.-Ing. E. h. Gerhard Heimerl: Seit 1974 Direktor des Verkehrswissenschaftlichen Instituts, 1980 bis 1986 Prorektor der Uni Stuttgart. Schwerpunkte der wissenschaftlichen Arbeit: u. a. Eisenbahnwesen sowie Planung und Betrieb von Einrichtungen des öffentlichen Verkehrs.

Margot-Jolanthe Hemberger: Bildhauerin und Malerin. Studierte 1940 bis 44 an der Akademie der Bildenden Künste in Stuttgart. 1951 und 52 Württembergischer Jugendkunstpreis. Zahlreiche Einzel- und Gruppenausstellungen, u. a. in Stuttgart, Heidelberg, Berlin, Hamburg und Wien. Lebt in Loßburg bei Freudenstadt.

Prof. Dr. Horst Hörner: Seit 1972 Professor für Schulpädagogik an der Pädagogischen Hochschule Heidelberg, von 1986 bis 1990 deren Rektor. 1992 bis 1998 Präsident der deutschsprachigen Sektion des Weltbundes für Erneuerung der Erziehung. Über 80 Veröffentlichungen, u. a. zu Unterrichtsplanung, Friedenserziehung und Kreativität.

126

Helmut Hohl:
Nach Krieg und Gefangenschaft Theologiestudium in Tübingen, von 1951 bis 54 erste ständige Pfarrstelle in Turmlingen, später als Oberstudienrat in Bernhausen tätig. Lebt in Leinfelden-Echterdingen.

Heinz Hornberger:
Nach vier Jahren Verwaltungstätigkeit am Landratsamt Freudenstadt seit 1974 Bürgermeister der Gemeinde Waldachtal (Stammsitz der Unternehmensgruppe fischer).

Prof. Dr.-Ing. Karl Heinz Hunken:
Dekan der Fakultät Bauwesen (ab 1969) und Rektor der Universität Stuttgart (1971 bis 1980), dann Direktor des Instituts für Siedlungswasserbau bis zu seiner Emeritierung im Jahr 1987.

Heinrich Johannsen:
Trat 1950 als erster Lehrling in die fischerwerke ein. Mitarbeiter in der Entwicklung (Blitzlichtgeräte) sowie im Technischen Dienst (fischerdübel) bis 1993. Lebt in Wadachtal-Tumlingen.

Fritz Kaufmann:
Oberstudienrat a. D., u. a. tätig an der Pädagogischen Hochschule Heidelberg. Initiator der Werkpädagogischen Kongresse. Lebt in Weinheim.

Dr. Heribert Keh:
Ehemaliger Realschulrektor und langjähriges Mitglied der Lehrplankommission in Bayern. Lebt in Ebern.

Dr. Günter Knerr:
Der Diplomchemiker und Diplompädagoge arbeitet als Direktor am Deutschen Museum in München. Schwerpunkte: Ausstellungsmanagement, Kommunikationsstrukturen und -strategien, Empirische Untersuchungen, Marketing und Fundraising.

Ingo Kober:
Seit 1996 Präsident des Europäischen Patentamts in München. Vorher Staatsanwalt und Richter in Mannheim, ab 1975 im Bundesministerium der Justiz in Bonn, von 1991 bis 1995 als Staatssekretär.

Felix Kryschak:
Ehemaliger Leiter der Abteilung Konzept & Medien in der KARSTADT-Hauptverwaltung in Essen.

Klaus Lempke:
Wollte wie sein Vater Arzt werden und landete nach fünf Semestern schließlich für 35 Jahre beim STERN, davon elf Jahre als Leiter des Ressorts Medizin. Lebt in Hamburg.

Prof. Dr. Hans Maier: Nach dem Krieg als Hauptschullehrer tätig, daneben Studium an der Universität Heidelberg. 1953 Promotion in Philosophie, Soziologie und Erziehungswissenschaft. Ab 1956 in der Lehrerausbildung. Lehrtätigkeit an der PH Heidelberg (Fachrichtung: Schulpädagogik) bis 1988.

Dipl.-Ing. Siegfried Manleitner:
Nach Studium des Bauingenieurwesens ab 1959 als Statiker und Konstrukteur in der Bauindustrie tätig. Seit 1968 Abteilungsdirektor am Deutschen Institut für Bautechnik (DIBt) in Berlin. Hat 1970 federführend die ersten bauaufsichtlichen Zulassungen für Dübel initiiert.

Albrecht Mey:
Der Unternehmer aus Albstadt-Lautlingen baute nach dem Krieg zusammen mit seinem Vater dessen ehemalige Lohnwirkerei zu einem der bekanntesten deutschen Wäschehersteller („mey fine bodywear") aus. Beauftragte Artur Fischer 1997 mit der Entwicklung eines ökologischen Wäschebügels.

Prof. Dr. Hans Mieskes:
Nach Stationen in Jena, Prag, München, Göttingen und Bonn. 1961 Berufung als Ordinarius an die Universität Gießen. Gründer und Leiter des Instituts für Erziehungswissenschaften und pädagogische Forschung sowie des Sportwissenschaftlichen Instituts. Mehr als 350 Veröffentlichungen.

Hilmar Pabel:
Fotoreporter für Kristall, Quick und STERN, mehrfach ausgezeichnet, u. a. mit dem Kulturpreis der Deutschen Gesellschaft für Photographie. Erfand nach dem Zweiten Weltkrieg die Aktion „Verlorene Kinder" und führte 175 Kinder wieder mit ihren Eltern zusammen. Lebt heute in Ratzing am Chiemsee.

Prof. Dr.-Ing. Dr. h. c. mult. Günter Pritschow:
Von 1976 bis 1980 Professor an der TU Berlin, seit 1984 ordentlicher Professor an der Uni Stuttgart für Steuerungstechnik der Werkzeugmaschinen und Fertigungseinrichtungen. Mehrere Jahre Mitglied im Landesforschungsbeirat und im Innovationsbeirat Baden-Württemberg. Seit Oktober 1996 Rektor der Universität Stuttgart.

Dipl.-Päd. Gerhard Ruckwied:
Rektor sowie Beauftragter für Lehrerfortbildung und Referendarausbildung im Fach Technik (Rhein-Neckar-Kreis). Seit 1969 mehrfach Berater bei fischertechnik-Baukastenentwicklung und -Schulprogramm.

Horst Rückle:
Trainer und Coach mit den Schwerpunkten Entwicklung und Konfliktklärung. Gründete 1970 in Böblingen das Horst Rückle Team. Lehraufträge an verschiedenen Universitäten und Fachhochschulen. Autor zahlreicher Bücher, u. a. „Verkaufen – eine Herausforderung" und „Körpersprache für Manager".

Dr. Jürgen Rüttgers:
Ehemaliger Bundesminister für Bildung, Wissenschaft, Forschung und Technologie (von 1994 bis 1998). Stellvertretender Vorsitzender der CDU-Bundestagsfraktion und Landesvorsitzender der CDU in Nordrhein-Westfalen.

Hermann Schröer:
Nach Fotografiestudium und Volontariat bei den Düsseldorfer Nachrichten Korrespondent für Associated Press (AP) und Reporter für die BILD-Zeitung. Seit 1970 beim Südwestfunk, heute Redakteur für Reportagen beim SWR in Mainz.

Dr. h.c. Lothar Späth:
Von 1972 bis 1978 CDU-Fraktionsvorsitzender im baden-württembergischen Landtag, dann Innenminister (sechs Monate) und Ministerpräsident des Landes Baden-Württemberg bis 1991. Seither Vorstandsvorsitzender der Jenoptik AG. Autor zahlreicher Bücher, u. a. „Der Traum von Europa", „Sind die Deutschen noch zu retten?" und „Die zweite Wende".

Daniel Titera:
Journalist, Redakteur einer Spielzeug-Fachzeitschrift und Mitarbeiter der tschechischen Arbeitsgemeinschaft Spielzeug. Lebt in Prag.

Dieter Tschorn:
Verlagsbuchhändler und von 1970 bis 1991 Pressesprecher der fischerwerke. Seit 1982 freier Journalist und selbständiger PR-Berater mit Pressebüro in Weinheim.

Dr. Thomas Vogel:
Leiter der Redaktion Kultur am SWR-Studio Tübingen. Lehrauftrag am Seminar für allgemeine Rhetorik der Uni Tübingen. Veröffentlichte Lieder, Gedichte, Kurzgeschichten, Essays und Hörspiele. Autor und Herausgeber zahlreiche Bücher, u. a. „Aus tausend grünen Spiegeln", „Über das Hören".

Prof. Dr.-Ing. Dr. h.c. mult. Hans-Jürgen Warnecke:
Lehrstuhlinhaber für Industrielle Fertigung und Fabrikbetrieb an der Universität Stuttgart und Präsident der Fraunhofer-Gesellschaft, München. Rund 500 Veröffentlichungen zu Unternehmensführung, Fabrikplanung, Arbeitsgestaltung, u. a. „Die fraktale Fabrik".

Gottfried Wiedmann:
Trat 1960 in die fischerwerke ein. Bis 1992 Verkaufsleiter Inland für fischerdübel. Lebt in Waldachtal-Tumlingen.

Michael Zerhusen:
Tageszeitungsredakteur bis 1991, seither Pressesprecher und Leiter Öffentlichkeitsarbeit der Unternehmensgruppe fischer.

Dr. Dr. h. c. Walther Zügel:
Ehemaliger Vorstandsvorsitzender der Landesgirokasse in Stuttgart. Beiratsvorsitzender der Unternehmensgruppe fischer seit 1980. U. a. Aufsichtsratsvorsitzender bei Stihl AG und Trumpf GmbH & Co. sowie Aufsichtsratsmitglied bei Dr. Ing. h. c. F. Porsche AG und Schuler AG.